THE EARLY ARCHITECTURE OF
WUHAN UNIVERSITY

武汉大学早期建筑

童乔慧 著

【图录卷】

长江出版传媒 崇文书局

目 录

综述：
武汉大学早期建筑的
国际化发展历程

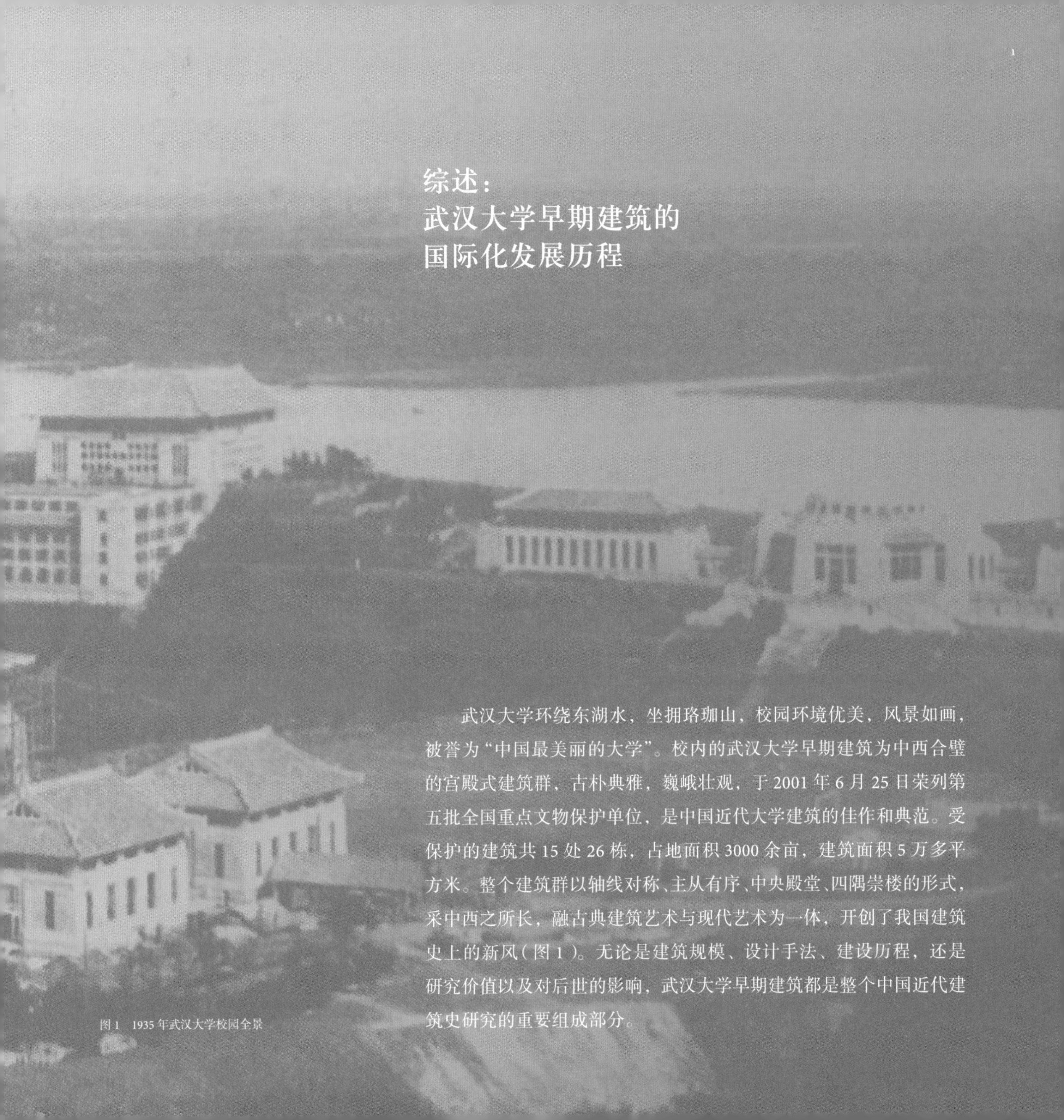

武汉大学环绕东湖水，坐拥珞珈山，校园环境优美，风景如画，被誉为"中国最美丽的大学"。校内的武汉大学早期建筑为中西合璧的宫殿式建筑群，古朴典雅，巍峨壮观，于 2001 年 6 月 25 日荣列第五批全国重点文物保护单位，是中国近代大学建筑的佳作和典范。受保护的建筑共 15 处 26 栋，占地面积 3000 余亩，建筑面积 5 万多平方米。整个建筑群以轴线对称、主从有序、中央殿堂、四隅崇楼的形式，采中西之所长，融古典建筑艺术与现代艺术为一体，开创了我国建筑史上的新风（图 1）。无论是建筑规模、设计手法、建设历程，还是研究价值以及对后世的影响，武汉大学早期建筑都是整个中国近代建筑史研究的重要组成部分。

图 1 1935 年武汉大学校园全景

武汉大学早期建筑
的价值发掘

　　建筑在历史流变中与外部环境相互作用而在自身及外部环境上留下的作用结果，可称为建筑的生命印记。[1] 武汉大学早期建筑的生命印记不仅承载着武汉大学师生的各项社会功能活动，也烙上了各段历史时期的地域文化印记。1913 年，武汉大学在自强学堂（1893—1902）和方言学堂（1902—1911）的基础上成立，时名"国立武昌高等师范学校"。之后，学校先后易名为"国立武昌师范大学"（1923—1924）、"国立武昌大学"（1924—1926）、"国立武昌中山大学"（1926—1927）、"国立武汉大学"（1928—1949）和"武汉大学"（1949 年至今），迄今已有百余年的历史。[2] 武汉大学早期建筑主要是 1929 年至 1937年间，在珞珈山校园一次性规划设计，并连续建成的校舍建筑群（表1），建筑体现了中国近现代中西合璧的特色，当时耗资约 400 万银元。这一建筑群是校园历史的重要见证，不仅传承了校园历史风貌，同时彰显了校园精神，具有重要的历史价值、艺术价值和科学价值。

1　陆地，建筑的生与死：历史性建筑再利用研究，东南大学出版社 [M]，2004 年。
2　武汉大学百年校庆办公室，百年树人百年辉煌，武汉大学百年校庆记盛 [M]，武汉大学出版社，1994 年。

本书中的建筑名称	始建初期的建筑名称（中文）	原始图档中的建筑名称（英文）	现用名称或通称	竣工年代	建筑数量（栋）	建筑面积（平方米）
文学院	文学院	RECITATION BUILDING	数学院	1931	1	3928
老斋舍	学生宿舍、寄宿舍、男生寄宿舍	DORMITORY	樱园宿舍	1931	4	13773
学生饭厅及俱乐部	饭厅	DINING HALL	樱园食堂	1931	1	2727
理学院	理学院	SCIENCE BUILDING	理学院	1931 1936	5	10120
周恩来故居	第一区教职员住宅	PROFESSOR'S RESIDENCES	周恩来故居	1931	1	410
郭沫若故居	第一区教职员住宅	PROFESSOR'S RESIDENCES	郭沫若故居	1931	1	475
老牌坊	国立武汉大学牌楼		老牌坊	1934	1	13.8（檐口投影面积）
半山庐	单身教员宿舍		半山庐	1933	1	507
老图书馆	图书馆	LIBRARY GROUP	老图书馆	1935	1	4767
宋卿体育馆	体育馆	GYMNASIUM	宋卿体育馆	1936	1	2748
法学院	法学院	LAW BUILDING	老外文楼	1936	1	4013
工学院	工学院	ENGINEERING BUILDING	行政楼	1936	5	8140
华中水工试验所	华中水工试验所	HYDRAULIC LABORATORY	档案馆、水工所、师资培训中心	1936	1	2197
"六一"惨案纪念亭	"六一"惨案纪念亭		"六一"惨案纪念亭	1948	1	15.7
李达故居	李达故居		李达故居	1952	1	168
总　计					26	54002.5

表 1　武汉大学早期建筑一览

说明：本表中的所有建筑的名称以通称为主，兼顾了原始图档中的中英文名称。竣工年代参考了建筑内现存的石碑。建筑面积的数据主要参考了《武汉大学早期建筑》，另外周恩来故居、郭沫若故居的面积以湖北省文化厅古建筑保护中心提供的数据为准。后文中的建筑的顺序主要以地理位置进行排布。

历史价值

作为中国近代史上的重要学府，武汉大学记录着中国近代教育体制的演变和中西文化交融的发展，是研究近代历史变迁和城市建筑演变的珍贵资料。它的建设过程充分体现了李四光、叶雅各、蔡元培、缪恩钊等人学贯中西的雄才大略及求真务实的科学精神，在近代大学校园建设史上留下了艰辛却又充满成就的一页。诸如老图书馆、老斋舍等建筑的落成，则为培养高级专门人才和开展科学研究提供了良好的条件。

同时，作为反帝爱国运动、抗日战争等影响中国历史进程事件的见证者，武汉大学无疑也成为一处弘扬爱国思想的圣地。这里笼罩过"九一八"事变和"六一"惨案的阴影，响应过"一二·九"运动的革命号召，也掀起过反内战的斗争高潮。周恩来、蒋介石、斯诺、史沫特莱、郭沫若等中外名仕在这里汇聚，也为武汉大学早期建筑群带来了传奇色彩。

艺术价值

武汉大学早期建筑群展现出了令人惊叹的设计方法和艺术价值。这和当初武汉大学建筑设备委员会（简称"建委会"）的总体建设目标是分不开的。[3] 建委会提出建筑新校舍的总目的和建设原则如下：

总目的：

（一）在武汉建设一个完全的大学，不仅要能应现在武汉的需要，并且要能应将来武汉的需要。

（二）欲在武汉大学校址内建设新村。都市生活与农村生活，都

3　国立武汉大学成立以后，南京国民政府大学院（后改教育部）指派成立了"武汉大学建筑设备委员会"，李四光担任委员长。

图 2　武汉大学工学院建筑装饰

有其短处与弱点。都市往往人口过多，农村又因经济力薄弱，不能利用现代科学所给予我们生活的便利而为之工具；所以建委会想在城外的校址内建设一个新村。

总原则：

（一）坚固：我们所造房屋，不止用三十年五十年而要有永久性的。

（二）避免奢华：我们知道学校是非讲究也是不应讲究奢华的地方。

（三）在以上二条件下，充分求美术性表现。普通，大学的美术性可以代表民族；只看一国的大学如何，大致可以判断他们民族的美术性。[4]

开尔斯正是在这样的要求下积极表现建筑的艺术价值。在规划布局方面，他将中西的手法进行了有机的融合，即有西方校园规划中典型的轴线布局和放射式路网，又考虑到地形地势，以及中国传统书院寄情于山水的美好寄托，营造出功能布局、美学韵味和景观层次兼具的校园环境。

在单体建筑方面，开尔斯也展现了对风格的理解和把控能力，中国固有的琉璃瓦屋顶、拜占庭风格的穹顶，以及宫殿式的斜墙体融合在了一起，营造出高等学府所需要的大气、肃严的氛围。

同时，武汉大学早期建筑的细部也独具匠心，无论是匾额、兽件、云纹等装饰构件还是斗拱等建筑构件等，均契合文化传统且精巧别致（图 2）。武汉大学早期建筑的细部与装饰既诠释了中式传统建筑特征，又运用了西方近现代先进材料、科技，充满了中西文化的融合与碰撞，其中的构思可以用新颖奇特来赞美。这是对中国传统建筑充满兴趣的西方建筑师所做出的越出常规的构思，在当时相当难得。它们反映的是一种不同于中国传统建筑思维方式的西方式设计思路，对近代中国社会甚至现今的建筑领域都有一定的启发作用。

4　国立武汉大学周刊[J]，1932 年 5 月 31 日，第 129 期。

图 3　工学院的玻璃中庭

科学价值

　　武汉大学早期建筑的科学价值首先体现在选址布局上。在珞珈校园的地理位置选择上，无论是考虑与周围山色湖水的依存关系，还是"水陬荒山，地价便宜；依山构筑，山石可用"的就近取材观念，以及"依山修校舍、堆土筑操场"的灵活操作手法，都体现出勘察和设计人员求真务实的科学精神，以及尊重自然、顺应自然的人文价值。

　　同时，开尔斯所设计的早期建筑群在技术上体现了超越当时的优越性。在建筑结构和材料上，他充分运用钢、混凝土等建材和三角拱、框架等结构形式，并与中国固有形式的建筑特色很好地结合；在建筑空间上，工学院引入玻璃通高中庭、内院天井等元素，丰富了空间层次，提升了空间质量（图 3）；在建筑设备上，电化教学设施的引入促进了教学质量的提升。1932年3月7日王世杰在校长报告中向全校师生报告了学校设备的相关工作：

在设备方面：自来水是已完成了的，但至少一层滤水的工事未完成，在一个月内，此项滤水工事就可安置好；现在一起风，湖水便有点混浊，将来经过滤水的手续以后，那么生水都或者可以喝了。电灯的设置，大部分也已完成，现在只有文理两学院及一部分的路灯线，还未竣工，一两个礼拜之内都可以安置完妥。电话的设置，一方面我们预备与城内通话，另一方面为了我们校内的区域广大，预备安置自动电话数十余架，以利消息的传达。这大约也在一两个礼拜以内可以完成。除此之外，尚有电钟电铃的设备。因为教职员和学生的住所离教室饭厅太远，关于上课和吃饭的警号，决非钟声可以让各处都听得见；因此，我们便已预备在理学院设置一个干电池，发动总钟，而在各处都分设子钟，及电铃，在一定的时间里都同时响起来。这种装设，在两三个星期之内也可以告竣。[5]

这些先进设备的引入，极大地改善了师生的居住品质与校园教学环境。

5　国立武汉大学周刊[J], 1932年3月12日, 第119期。

武汉大学早期建筑
的国际化历程

由于武汉大学早期建筑的特殊及重要的历史价值、艺术价值、科学价值，2001 年 6 月 25 日，它被列为第五批全国重点文物保护单位。为此武汉大学成立了早期建筑保护管理委员会。2004 年，武汉大学出台了《武汉大学早期建筑（国家重点文物）保护管理办法（暂行）》，根据《中华人民共和国文物保护法》《中华人民共和国文物保护实施条例》和《文物保护工程管理办法》等国家有关法规，结合学校实际，确定了早期建筑保护范围和保护建设控制地带，明确指出在建设控制地带内，不得建造危及武汉大学早期建筑安全的设施，不得修建其形式、高度、体量、色调等与武汉大学早期建筑的环境风貌不相协调的建筑物或者构筑物。[6]

2011 年武汉大学设立了文物保护管理专职机构，即在早期建筑保护管理委员会的基础上成立了武汉大学文物保护管理委员会，由当时的武汉大学校长李晓红教授担任委员会主任，并专门设立文物保护管理处为委员会常设办事机构，具体担负全校早期建筑文物的维修、保护与管理工作。[7]武汉大学成为全国首个设立文物保护管理专职机构的高校。同年，国家文物局批复了湖北省《关于申请武汉大学早期

6 武汉大学早期建筑（国家重点文物）保护管理办法（暂行）武大档字〔2004〕4 号。

7 2011 年 9 月 27 日武汉大学 [2011] 75 号文。

建筑保护规划立项的请示》，明确指出"在规划编制过程中应加强文物现状评估，合理划定保护范围和建设控制地带，注重文物本体与周边环境的整体保护，并与学校教学活动开展相结合，确保规划的科学性和可操作性。同时应注意与历史文化名城保护规划的衔接"。[8]

设计的国际化视野

武汉大学早期建筑的规划与设计是开尔斯完成的，美国麻省理工大学严格的古典美学和造型训练，为他设计武汉大学校园提供了坚实的基础。[9] 1932 年 3 月 7 日王世杰在新校舍的第一次师生集合典礼上的报告中，饱含了对开尔斯的感谢："在这里，我们最要感谢的是开尔斯先生。他可以说是一个艺术家。他不计较报酬，而完全把兴趣寄托在艺术方面。他每每为了图样的设计，站在这个冷峭的山头上一两点钟之久。在从事于理学院建筑的一月之前，他因为过度辛苦的工作，竟然在上海病了。这一病下来就有两年之久，到现在还未完全痊可，病中几几乎危急不起，可是我每回到上海去看他的病的时候，他的病室里总是满满的陈列着关于武大校舍的图案。最近他在上海听说武大全体迁到了新校舍，他竟又扶病到汉口来了。我们到汉口去会他，他的房里依然是满陈着武大校舍的图案，并且同时还在力疾从事图书馆建筑的设计。他给予我们的帮助实在大得很！假使像平常一般市侩式的工程师，专门计较报酬的厚薄，那末我们的建筑也许更要发生许多困难了吧！"[10] 当时的结构设计师是莱文斯比尔（Abraham Levenspiel）、石格司（Richard Sachse），施工单位有汉协盛、袁瑞泰、上海六合、永茂隆等营造厂等。可见武汉大学从设计之初就决定了武汉大学早期建筑的国际化设计视野。

8　文物保函 [2011] 1616 号文，国家文物局，2011 年。

9　刘珊珊、黄晓，国立武汉大学校园建筑师开尔斯研究，建筑史 [J]，2014 年 01 期。

10　国立武汉大学周刊 [J]，1932 年 3 月 12 日，第 119 期。

保护的国际化参与

2001 年 6 月 25 日中华人民共和国国务院公布了 518 处第五批全国重点文物保护单位，其中武汉大学和清华大学等学校的早期建筑一起位列近现代重要史迹及代表性建筑分项中，这说明了国家对于近代建筑的宏观大局把控。由于办学经费等各方面的限制，武汉大学早期建筑的保护与修缮工作零敲碎打地进行，但在对老建筑物的历次维修中，坚持"修旧如旧、保持原貌"的维修施工原则，完好地保持了原建筑物的风格和面貌。到 2011 年 6 月 20 日国家文物局局长单霁翔赴武汉大学调研高校文物保护工作，武汉大学在早期历史建筑的保护工作方面取得了长足的进步与发展。

2012 年 10 月 24 日国际古迹遗址理事会共享遗产委员会的专家成员参观考察了武汉大学历史建筑群的相关保护与修复工作（图 4），认为武汉大学早期建筑的保护与修复合乎《威尼斯宪章》的订立标准，并体现了《中国文物古迹保护准则》所订立的方法准则。专家们也指出要保护历史期间的粉刷标语字迹（图 5）。

2013 年，为了迎接武汉大学建校 120 周年校庆，在国家文物局、社会各界大力支持下，武汉大学启动了最大规模的早期建筑维修工作，对宋卿体育馆、工学院、老图书馆等 11 处早期建筑进行全面维修及配套实施改造与亮化工程。2014 年国际古迹遗址理事会专家聚焦武大老建筑，认为其具有申遗潜力，指出武汉大学的历史遗产保护研究工作无论是在国家还是地方，都将有极其广阔的发展平台。2015 年 11 月第四届"ICOMOS-Wuhan 无界论坛"国际会议由武汉市人民政府、武汉大学、湖北省文物局、ICOMOS 共享遗产委员会共同主办。来自德国、美国、比利时、澳大利亚等国的国际古迹遗址保护研究专家、清华大学、同济大学等高校相关领域专家学者出席了此次会议，

图 4　国际古迹遗址理事会共享遗产委员会委员考察武汉大学

图 5　武汉大学早期建筑保护修缮时保留的标语

齐聚珞珈山，对武汉大学早期建筑的相关工作进行了详细的考察与调研。这些活动使得武汉大学的保护思想和策略始终站在国际化的高瞻远瞩的视角下进行。

结　语

　　在中国近现代大学校园里，武汉大学早期建筑群的建筑风格之独特，设计理念之先进，使之成为中国大学校园建筑的先锋代表。武汉大学早期建筑从 20 世纪 30 年代建成后保存至今，一直在学校师生的生活、学习中扮演着十分重要的角色。它们有着珍贵独特的历史价值、艺术价值和科学价值，是我国近代高等学府规划和建筑的佳作及典范，在时代的不断变迁中散发着经久不衰的魅力，在岁月的沧桑中沉淀出独树一帜的光辉。同时，这些早期建筑在中国近现代建筑史上具有极其重要的里程碑意义，在中国近现代乃至当代城市发展的道路中对于传统与现代的传承、东方与西方的融合、民族化与国际化的碰撞等方面提供了很好的借鉴与示范。

备注：此文原载于《建筑与文化》2017 年第 8 期。

图片来源

图号	图名	图片来源
图 1	1935 年武汉大学校园全景	李晓虹、陈协强编 . 武汉大学早期建筑 [M]. 武汉：湖北美术出版社，2007，第 61 页
图 2	武汉大学工学院建筑装饰	作者自摄
图 3	工学院的玻璃中庭	作者自摄
图 4	国际古迹遗址理事会共享遗产委员会委员考察武汉大学	作者自摄
图 5	武汉大学早期建筑保护修缮时保留的标语	作者自摄

武汉大学早期建筑群

1 - 工学院

2 - 老图书馆

3 - 理学院

4 - 宋卿体育馆

5 - 老斋舍

6 - 文学院

7 - 法学院

8 - 学生饭厅及俱乐部

9 - 华中水工试验所

10 - 周恩来故居

11 - 郭沫若故居

12 - 半山庐

13 - 李达故居

14 - 老牌坊

15 - "六一"惨案纪念亭

1936

工学院
ENGINEERING BUILDING

竣工年代: 1936 年

建筑数量: 5 栋

武汉大学工学院位于校园内珞珈山片区南北主轴线上，是武汉大学早期建筑的重要组成部分。工学院建成之初作为武汉大学工科学科的教学、科研及办公场所，后作为学校行政楼使用，一直延续至今。

Engineering Building in Wuhan University is located on the north-south axis of Luojia Mountain area on campus. It is an important part of the early buildings of Wuhan University. At the beginning of its establishment, Engineering Building served as the teaching, scientific research and office space of engineering disciplines of Wuhan University. Later, it has been used as the administration building until the present day.

工学院 - 效果图

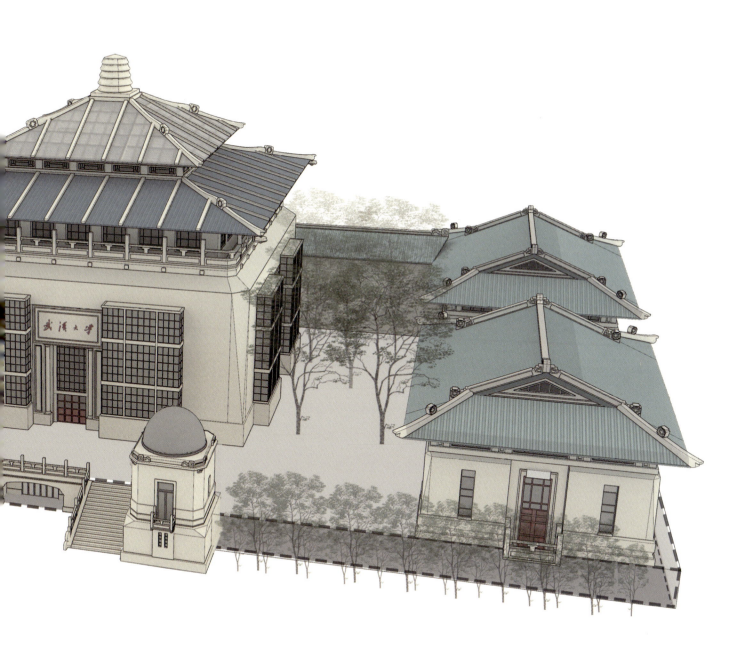

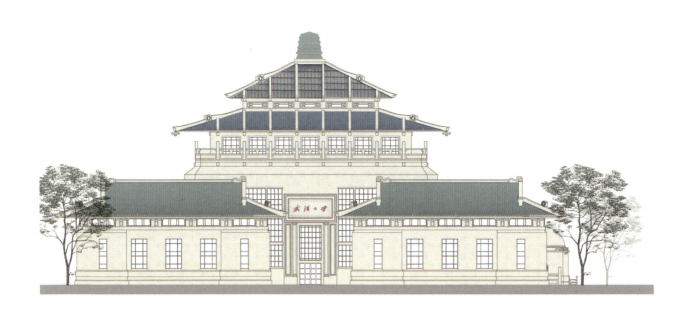

工学院 - 东立面图

工学院 - 北立面图

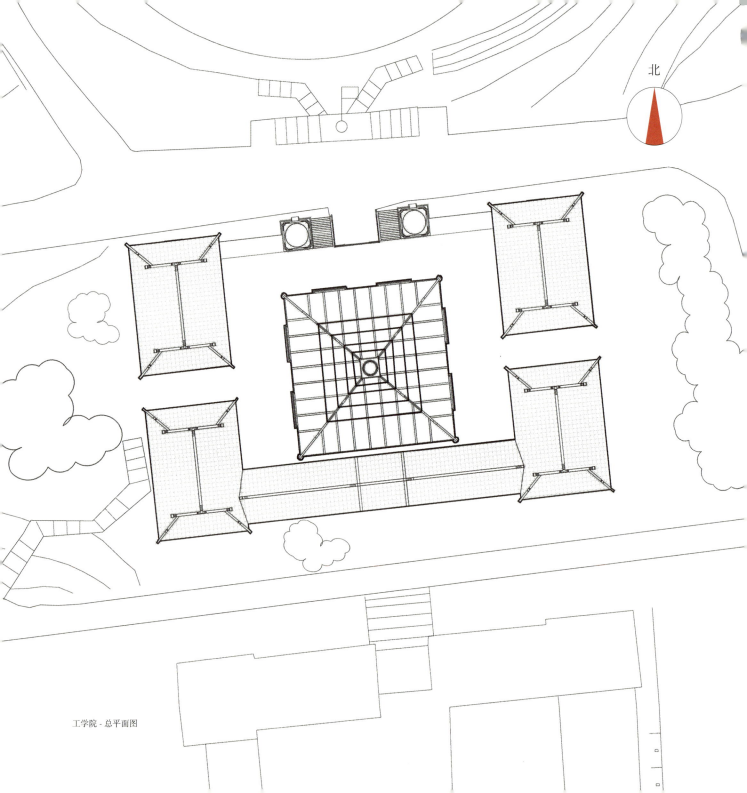

北

工学院 - 总平面图

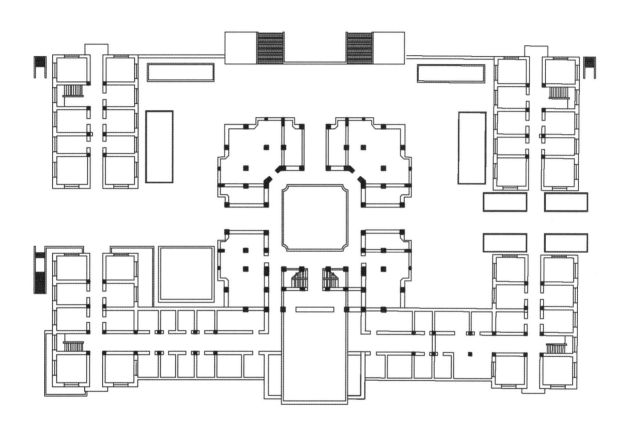

工学院 - 一层平面图

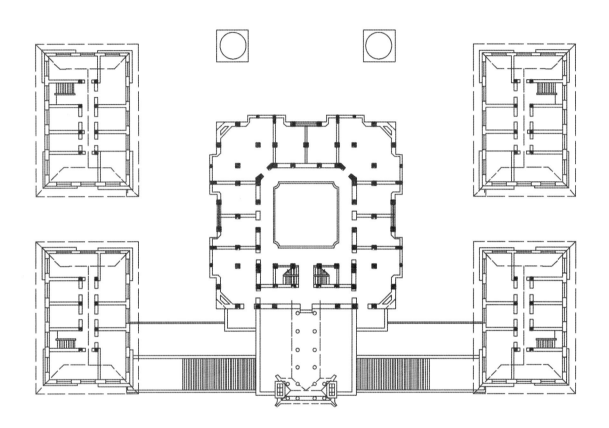

工学院 - 二层平面图

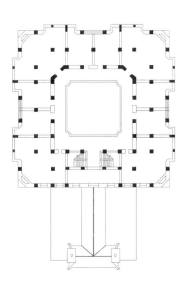

工学院 - 三层平面图

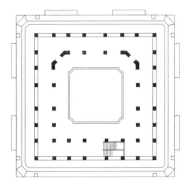

工学院 - 四层平面图

1935

老图书馆
LIBRARY GROUP

竣工年代：1935 年
建筑数量：1 栋

老图书馆于 1933 年 10 月开工，1935 年 9 月竣工，建筑面积 4767 平方米。平面呈"工"字形，由一座主楼和前后两翼的四座附楼联结而成，整体外观为中国传统殿堂式风格，由钢筋混凝土框架和组合式钢桁架混合结构承重。

Library Group, with the project starting in October 1933 and ending in September 1935, covers a construction area of 4767 square meters. The architecture with the shape of " 工 " is composed of a main building and four annex buildings at the front and rear wings. The complex looking like a traditional Chinese palace is supported by a mixed structure of reinforced concrete frames and combined steel trusses.

老图书馆 - 效果图

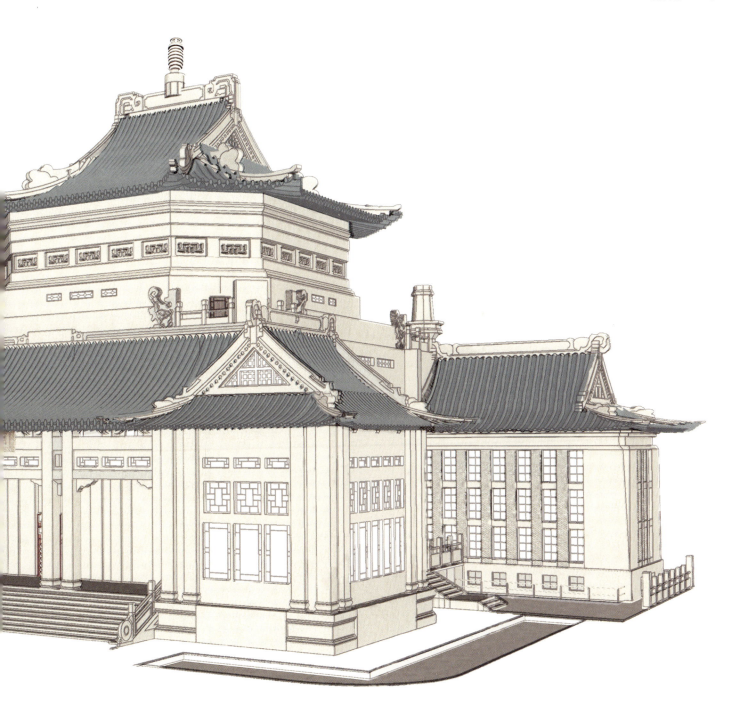

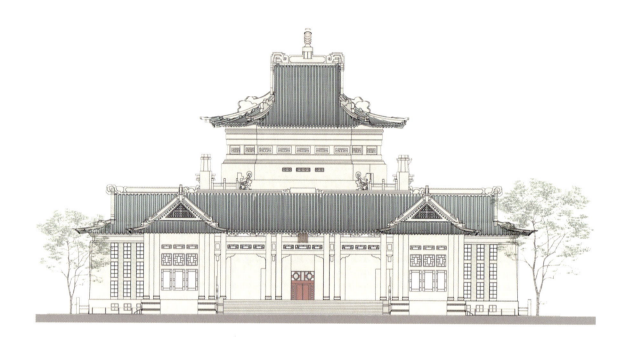

老图书馆 - 南立面图

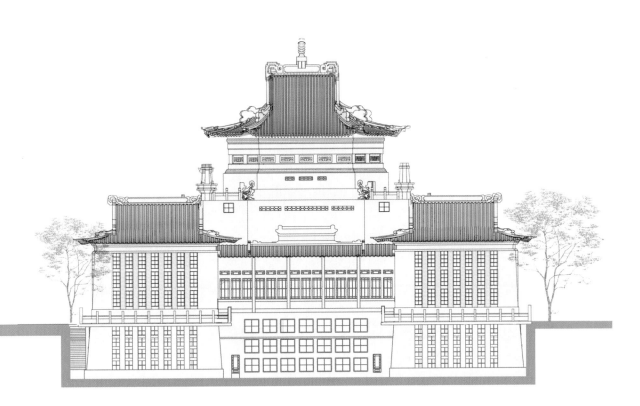

老图书馆 - 北立面图

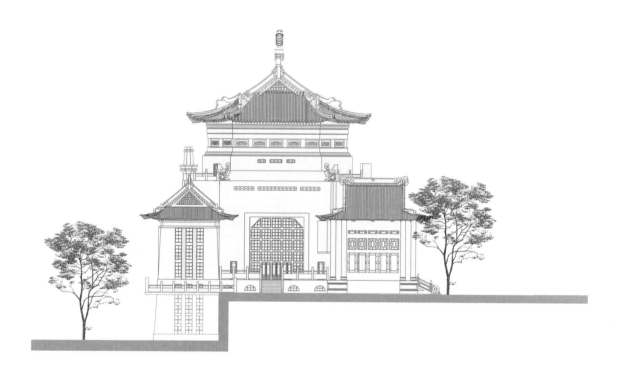

老图书馆 - 西立面图

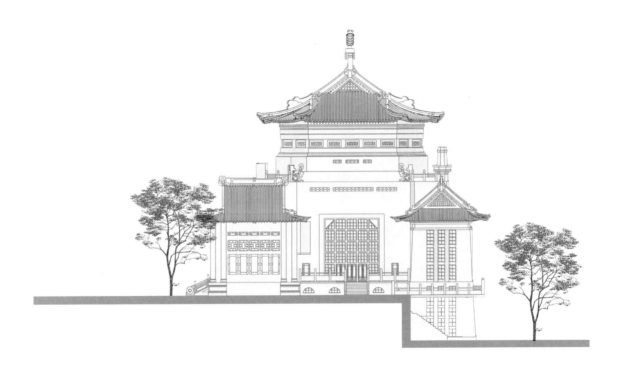

老图书馆 - 东立面图

武汉大学老图书馆南临老斋舍，西侧为原武汉大学法学院，东侧为原武汉大学文学院。它是武汉大学早期建筑群的重要组成部分，是武汉大学的标志性建筑和精神象征。主楼屋顶因其核心地位采用等级较高的八角歇山式，结构跨度达 18 米，附楼屋顶均为单檐歇山式，外挂绿色琉璃瓦，上立七环宝鼎，建筑形象威武庄严，设计思路先进，开中国大学校园建筑之先河，是武汉大学校园历史建筑中西合璧的精髓体现。如今它已改为武汉大学校史馆。

Library Group of Wuhan University is adjacent to Dormitory to the south, Law Building to the west, and Recitation Building to the east. It is not only an important part of the early buildings of Wuhan University, but also the landmark and spiritual symbol. The roof of the main building adopts the high-grade octagonal intermittent style because of its core role, with a structural span of 18 meters. All the roofs of the annex building are in the single-eave intermittent style, with the green glazed tiles outside and a seven-ring tripod on the top. The architectural image is majestic and solemn; the advanced idea is the first of its kind in terms of campus design of Chinese universities. Also, it serves as the essence of combination of Chinese and Western style in the historical buildings of Wuhan University. Now, Library Group is used as Wuhan University History Museum.

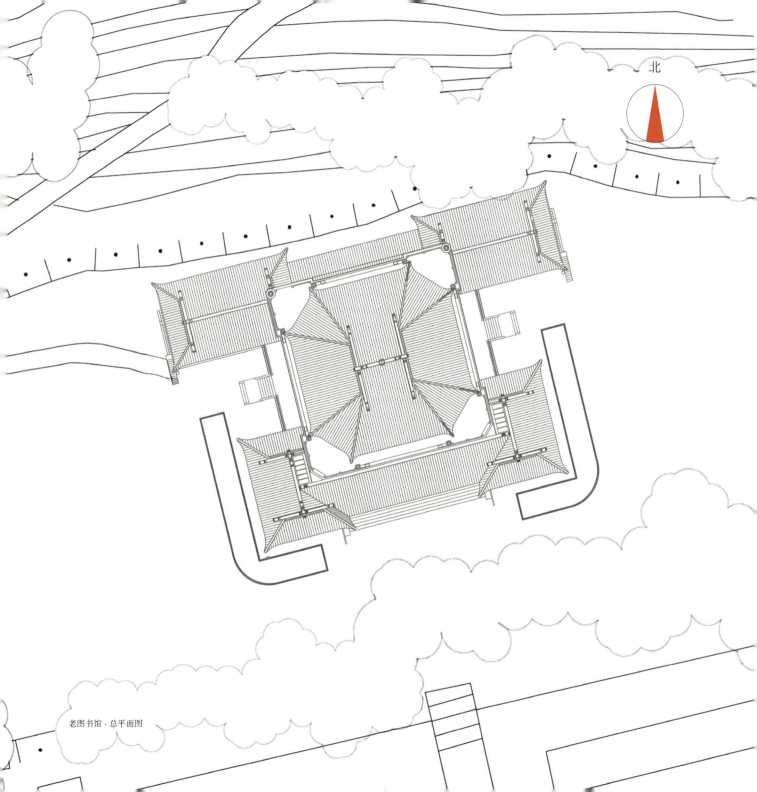

北

老图书馆·总平面图

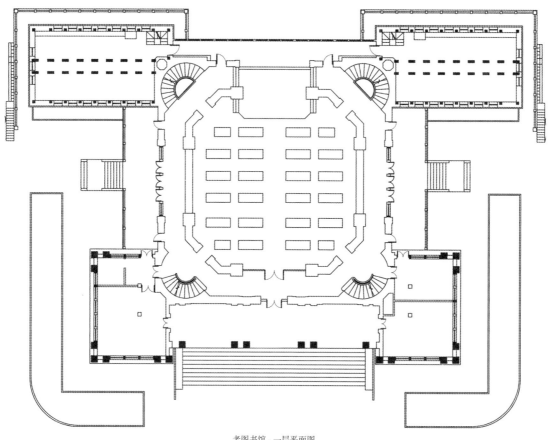

老图书馆 - 一层平面图

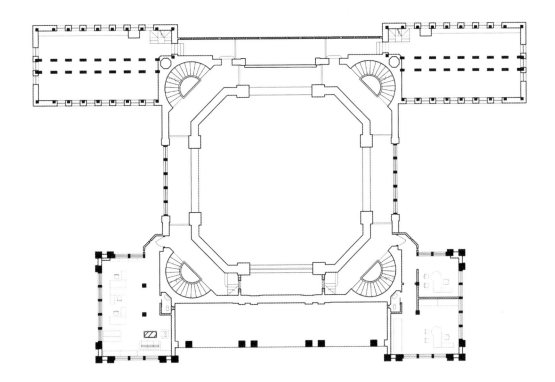

老图书馆 - 二层平面图

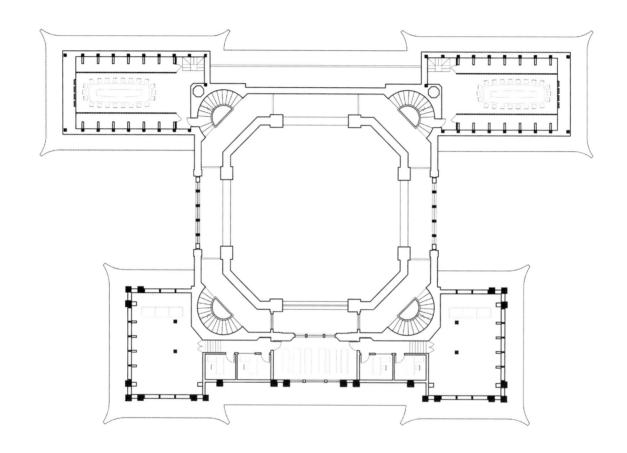

老图书馆 - 三层平面图

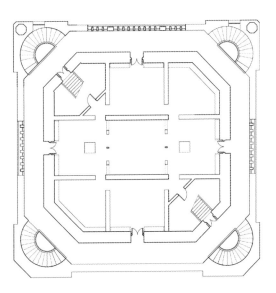

老图书馆 - 四层平面图

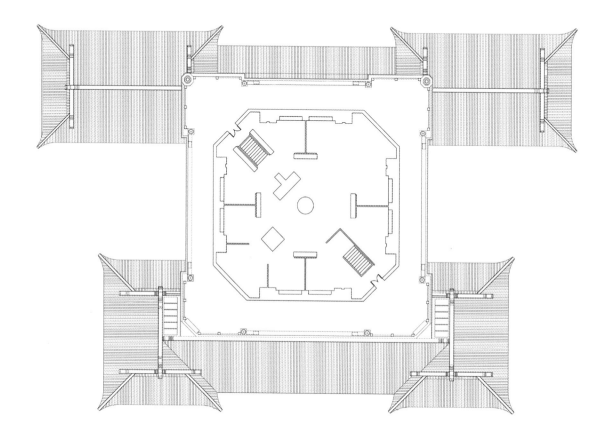

老图书馆 - 五层平面图

1936

理学院
SCIENCE BUILDING

竣工年代：1931、1936 年
建筑数量：5 栋

　　理学院建筑群位于狮子山东侧，主楼采用八角面墙体和拜占庭式
的钢筋混凝土穹隆屋顶，与南面的工学院方形墙体和玻璃方屋顶相呼
应，体现出天圆地方的传统建筑理念。前排两侧则采用中
式形制庑殿顶，融合了东方与西方、传统与现代的
建造艺术与技术。

The complex of Science Building
is located on the east side of the Lion
Mountain. The main building adopts the
octagonal wall and the Byzantine reinforced-
concrete dome roof, corresponding to the square
wall and the glass square roof of Engineering Building
to the south, reflecting the traditional architectural concept of
round sky. On both sides of the front row, the Chinese-style veranda roof
combines eastern and western, traditional and modern construction
arts and technologies.

理学院 - 效果图

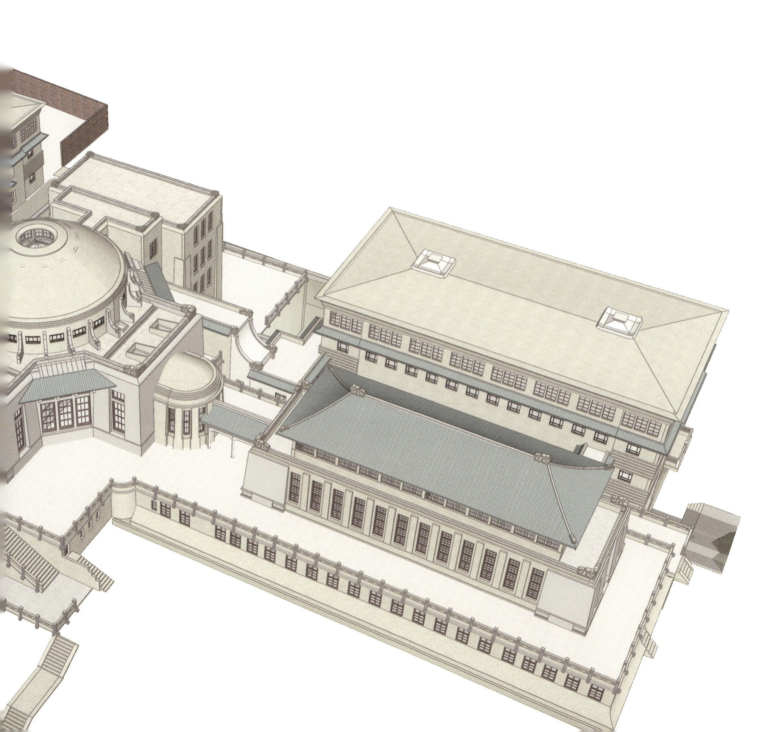

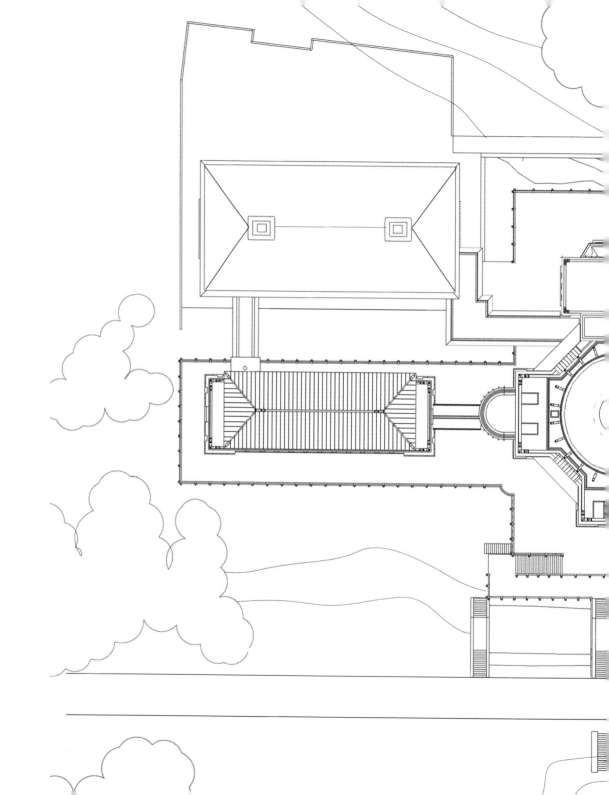

理学院 - 总平面图

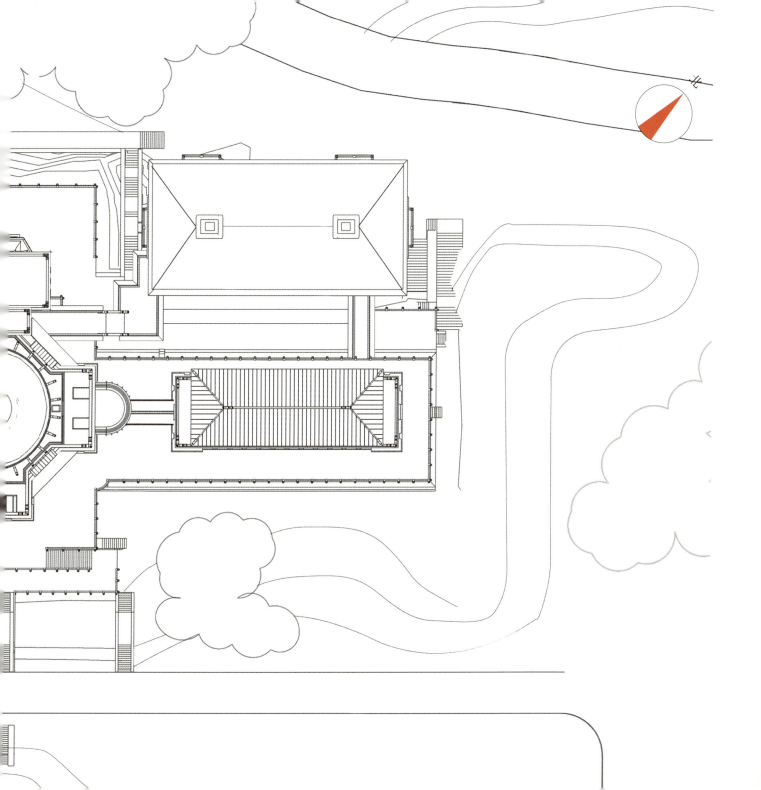

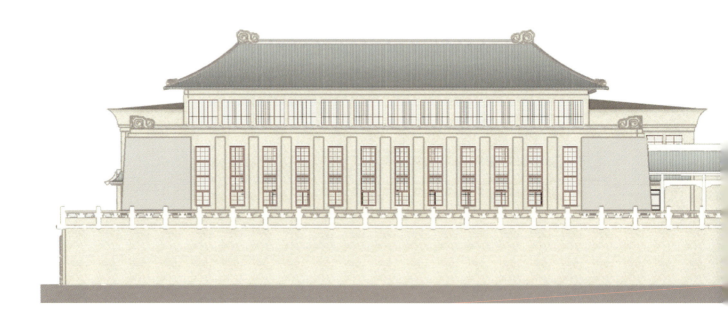

理学院 - 南立面图

理学院 - 北立面图

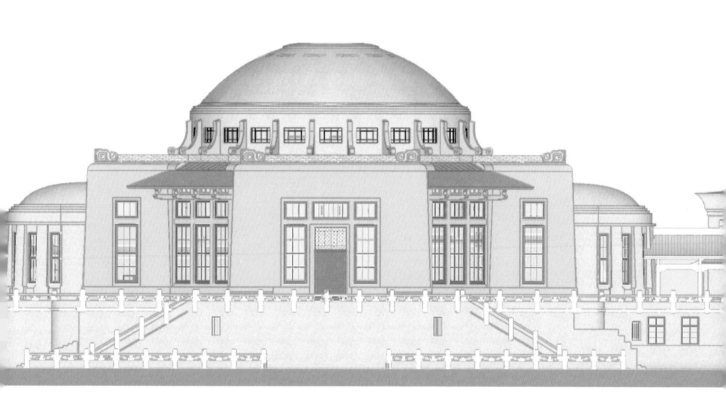

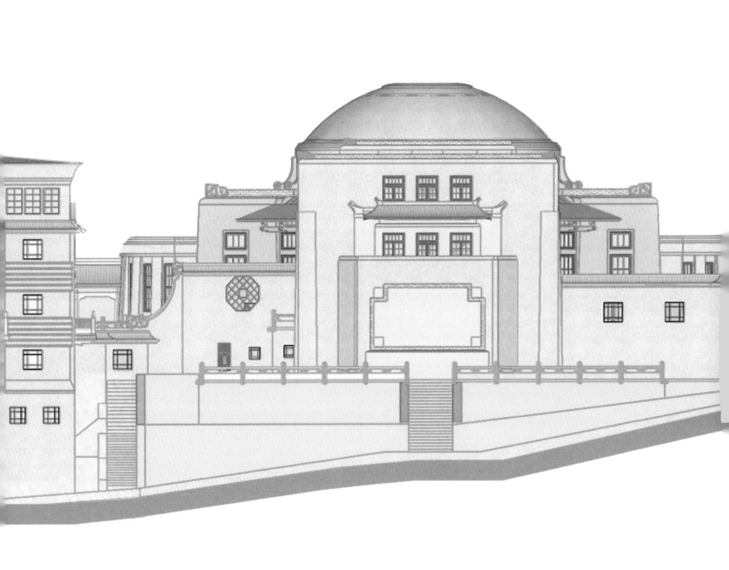

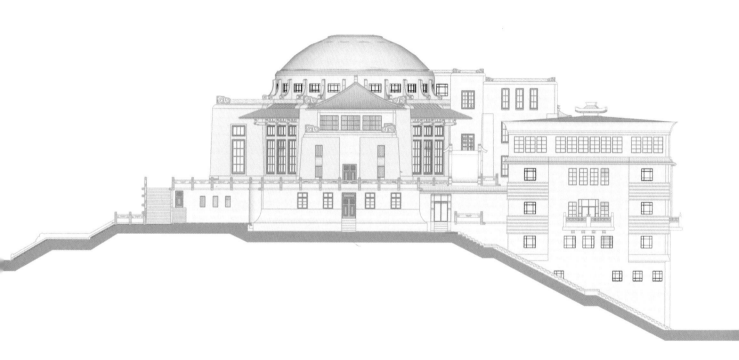

理学院 - 东立面图

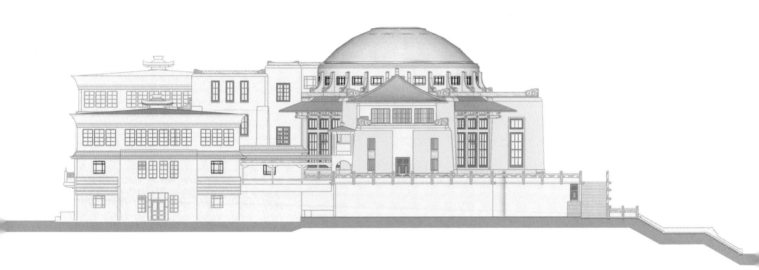

理学院 - 西立面图

理学院 - 西南楼一层平面图

理学院 - 西南楼二层平面图

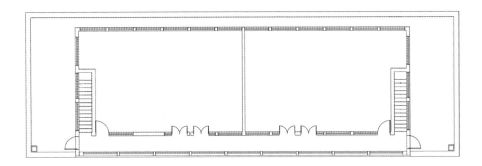

理学院 - 西南楼三层平面图

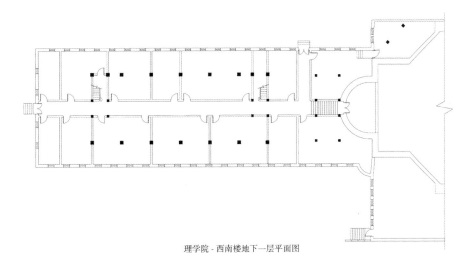

理学院 - 西南楼地下一层平面图

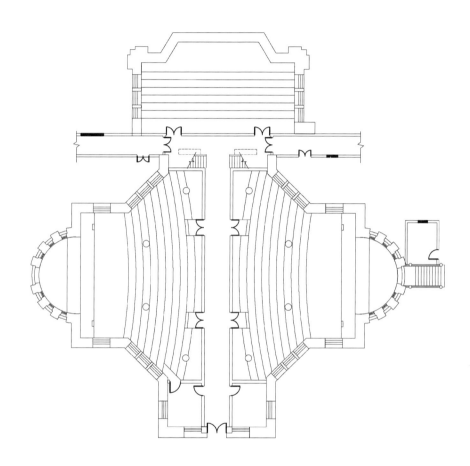

理学院 - 主楼一层平面图

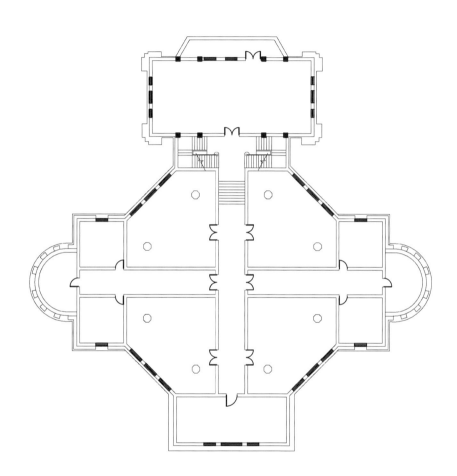

理学院 - 主楼二层平面图

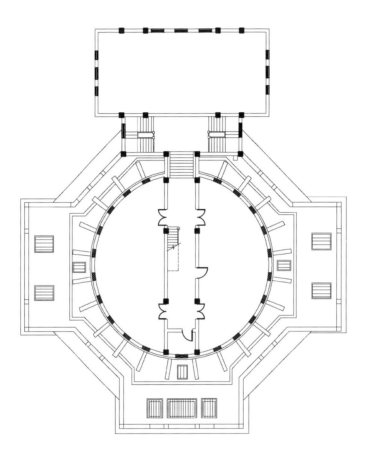

理学院 - 主楼三层平面图

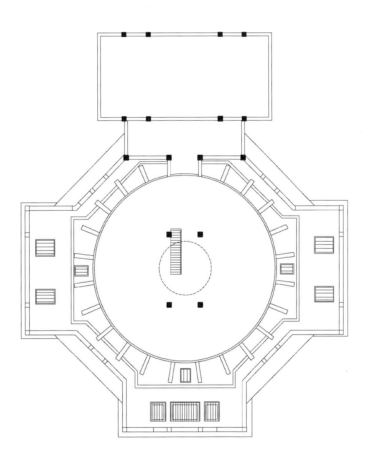

理学院 - 主楼四层平面图

1936

宋卿体育馆
GYMNASIUM OF SONGQING

竣工年代：1936 年

建筑数量：1 栋

始建于 1935 年，四周绕有回廊形成轮舵式山墙和三重檐歇山顶。既表现出现代新型大跨度结构的建筑技术，又保持和发挥了中国传统建筑的特色。此体育馆以武汉黄陂人黎元洪之号命名为"宋卿体育馆"。

Built in 1935, it is surrounded by an ambulatory to form a wheel-rudder gable and a triple-eave intermittent roof, which both show modern construction technologies of new long-span structure and maintain the characteristics of Chinese traditional architecture. "Gymnasium of Songqing" was named after Li Yuanhong (Li Songqing), who was born in Huangpi, Wuhan.

宋卿体育馆 - 效果图

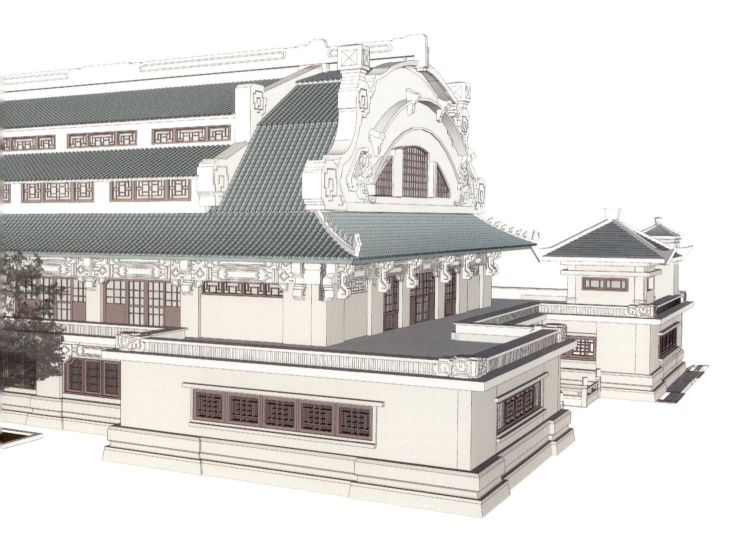

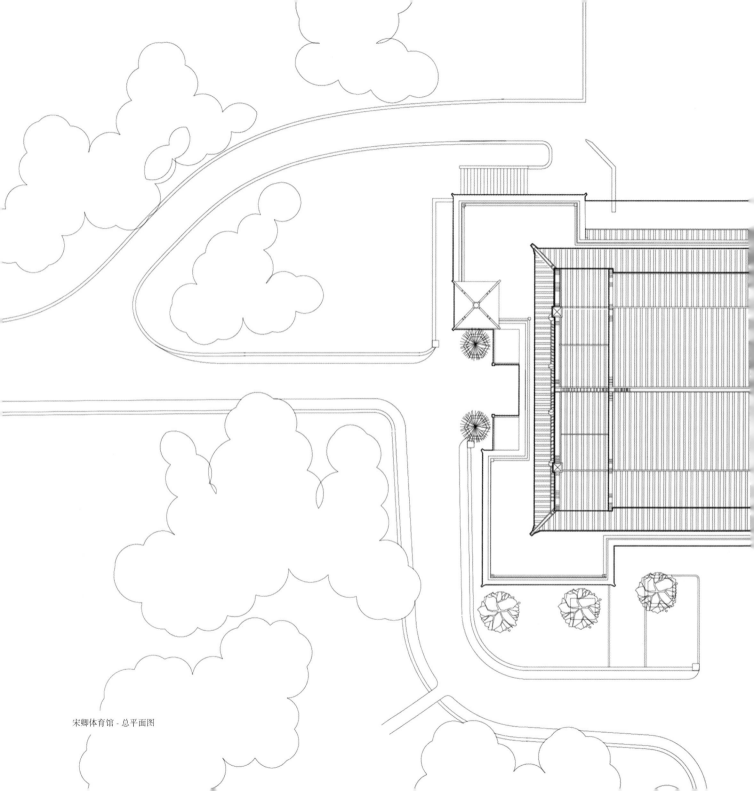

宋卿体育馆 - 总平面图

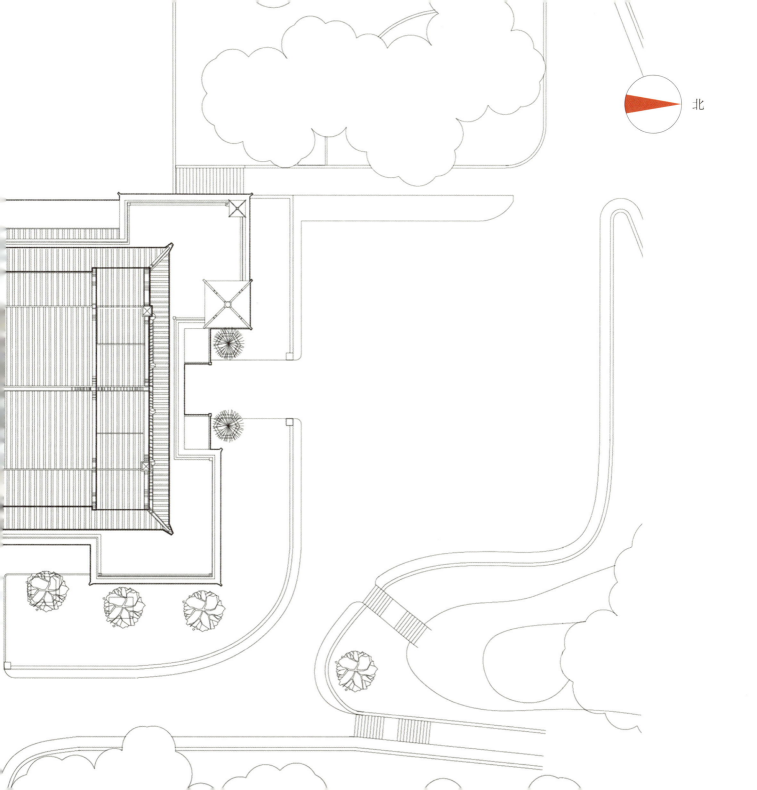

北

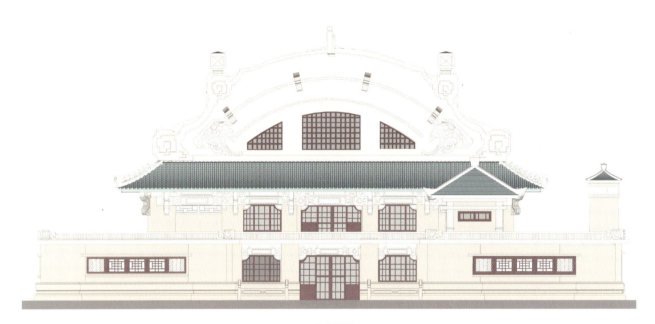

北立面图

宋卿体育馆 - 北立面图

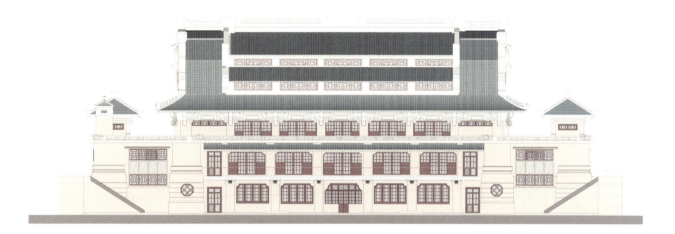

宋卿体育馆 - 西立面图

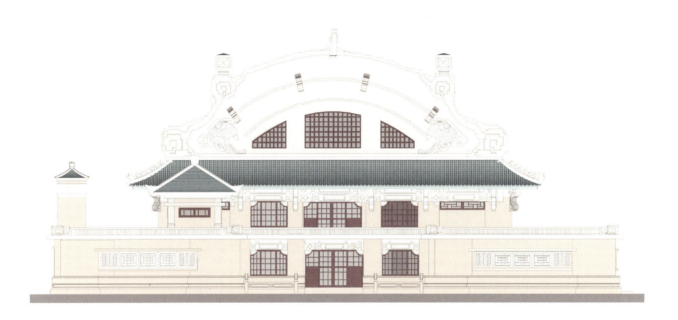

宋卿体育馆 - 南立面图

宋卿体育馆 - 东立面图

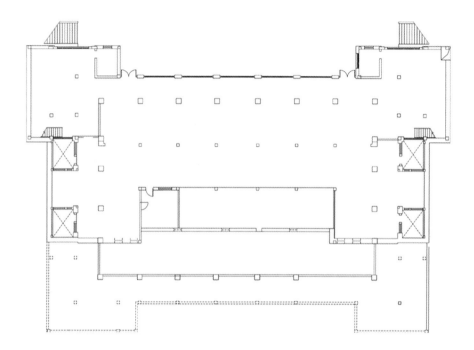

宋卿体育馆 - 地下一层平面图

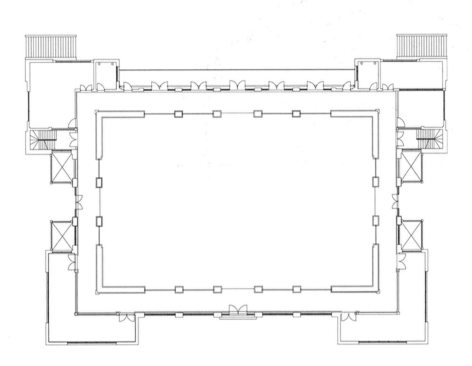

宋卿体育馆 - 一层平面图

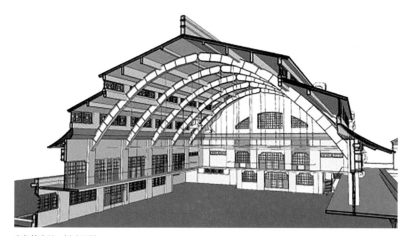

宋卿体育馆 - 剖透视图

　　宋卿体育馆是武汉大学早期历史建筑二期工程的重要建筑，由已故前大总统黎元洪之子黎绍基、黎绍业承父遗志捐款十万银元建设而成。黎元洪字宋卿，1928 年逝世于天津，生前曾希望百年之后能够葬于武汉大学珞珈山南麓。

Gymnasium of Songqing is an important building in the second-phase project of the early historical buildings of Wuhan University. It was built by Li Shaoji and Li Shaoye, the sons of the late former President Li Yuanhong. They donated 100,000 silver Chinese dollars in the legacy of their father. Li Yuanhong, also known as Li Songqing, died in Tianjin in 1928. He hoped to be buried at the southern foot of Luojia Mountain in Wuhan University after he died.

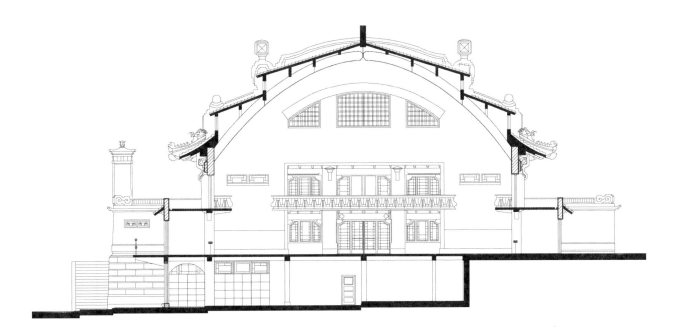

宋卿体育馆 - 剖面图

1931

老斋舍
DORMITORY

竣工年代：1931 年
建筑数量：4 栋

武汉大学最早的学生宿舍，也是校园早期建筑群之一。于1930年3月开工建设，1931年9月竣工。建筑整体设计巧妙，由四栋宿舍组成，并通过三座罗马券拱门连为一体。建筑主体以花岗岩的灰色为主色调，尤显质朴大方、厚重沉稳，入口处修建有多层阶梯（百步梯），外形统一，气势宏伟。

老斋舍·效果图

Dormitory is the earliest student dormitory of Wuhan University, and is also one of the early buildings on campus. The construction was started in March 1930 and was completed in September 1931. The overall design of the building is ingenious. It is composed of four dormitories, which are connected by three Roman arches. The main body of the building is dominated by gray granite, which is particularly simple and generous, thick and stable. There are multi-storey stairs (Centistep Ladder) at the entrance, with unified shape and magnificent momentum.

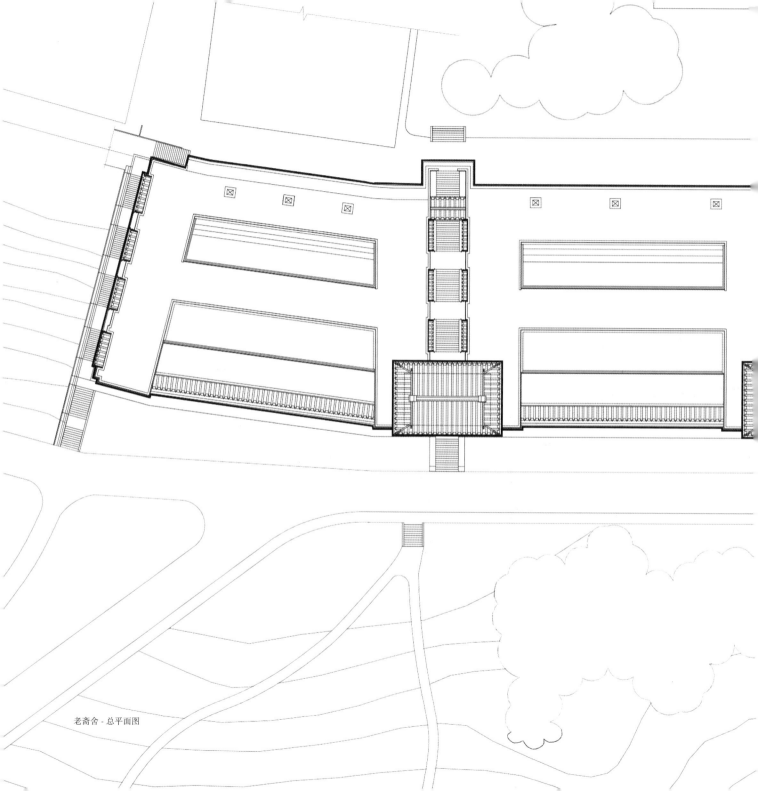

老斋舍 - 总平面图

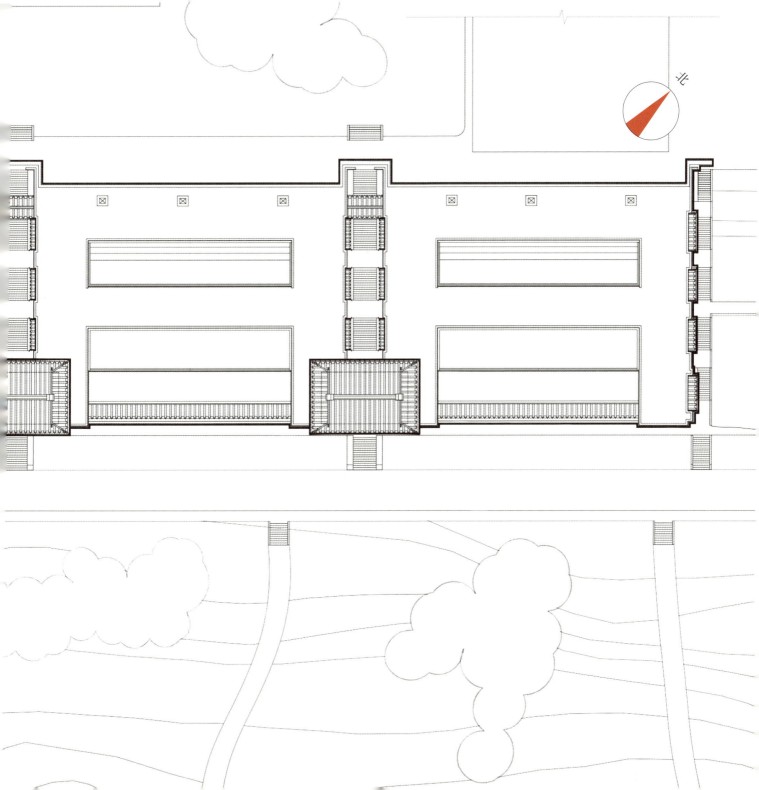

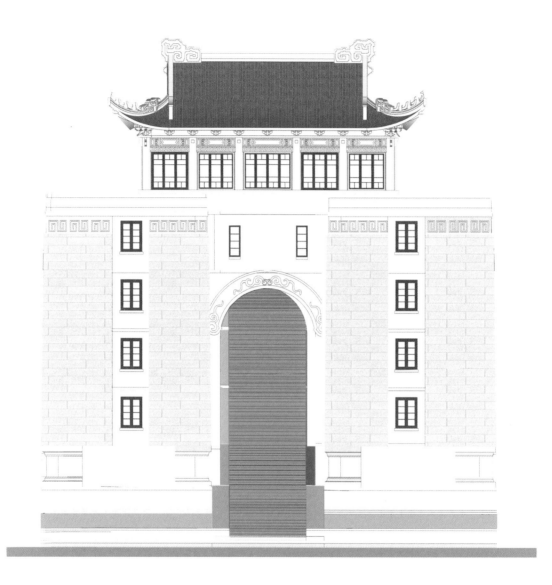

老斋舍 - 塔楼部分南立面图

　　老斋舍为四大栋，每两栋之间用券拱门连成一体，每个券拱门上设有一座单檐歇山式亭楼，正中的亭楼和图书馆位于一条轴线上。每栋宿舍有两个庭院天井将其分为前中后三排。各排依山就势分为一到四层，并按照《千字文》命名，形成天、地、玄、黄、宇、宙、洪、荒、日、月、盈、昃、辰、宿、列、张十六个斋舍。老斋舍建设初始就成为武汉大学校园中非常重要的一景，其中原因有三：一是老斋舍是武汉大学早期建筑首批建造施工完成中体量最大的一处建筑。二是老斋舍采用"地不平天平"的设计方法，其屋顶平台正好成为狮子山顶老图书馆的广场。三是外形统一、气势辉煌，三座相同的拱门紧紧相连形成入口，每个入口内设依山而建的多层台阶，在狮子山上构建了以图书馆为中心的对称布局。老斋舍前的樱花大道是重要的赏樱场所，每年樱花盛开之时，有百万以上的游客慕名而来，因此老斋舍这四栋宿舍又被誉为"樱花城堡"。游客们拾级而上来到老斋舍的屋顶平台可以远眺武汉市城区风景。

Dormitory is divided into four large buildings. Each of the buildings is connected to another by a coupon arch, and each coupon arch has a single-eaved hipped pavilion with the pavilion in the center and the library located on one axis. Each building has two courtyard patios that divide it into three rows: front, middle and back. Each row covers one to four floors according to the mountain, named according to Thousand Character Classic, forming the sixteen lattices of *Tian, Di, Xuan, Huang, Yu, Zhou, Hong, Huang, Ri, Yue, Ying, Ze, Chen, Xiu, Lie, Zhang*. The construction of Dormitory initially became an important scene in the campus of Wuhan University; there are three reasons: Firstly, Dormitory is one of the first batch of early buildings of Wuhan University with the largest volume. Secondly, Dormitory adopts the design method of "the ground is not flat while the sky is flat" and its roof platform serves as the square of the old library at the top of the Lion Mountain. Thirdly, Dormitory is characterized by its unified shape and magnificent momentum. The three identical arches are closely connected to form the entrance, and each entrance is equipped with multi-layer steps built on the mountain, thus setting up a symmetrical layout with the library as the center on the Lion mountain. The Sakura Avenue in front of Dormitory is an important place for sakura sightseeing, and every year millions of visitors come here to enjoy blooming sakura, so the four buildings of Dormitory are also known as "The Castle of Sakura". The visitors go up to the roof platform of Dormitory to have a panoramic view of Wuhan city.

老斋舍 - 南立面图

老斋舍 - 东立面图

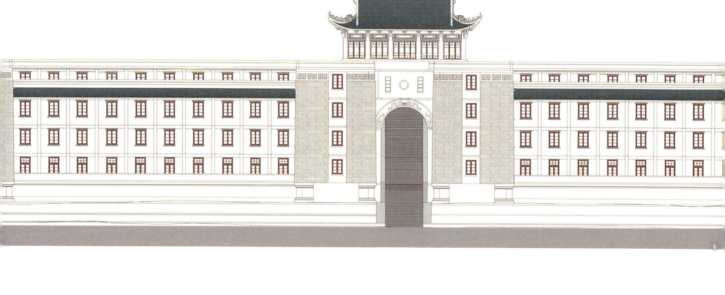

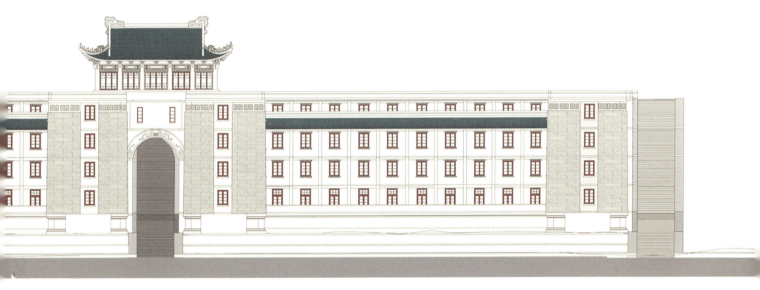

老斋舍 - 塔楼部分东立面图

老斋舍 - 塔楼部分西立面图

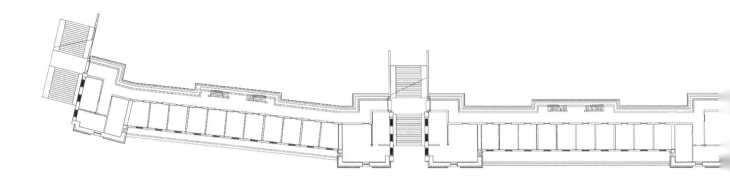

老斋舍 - 一层平面图

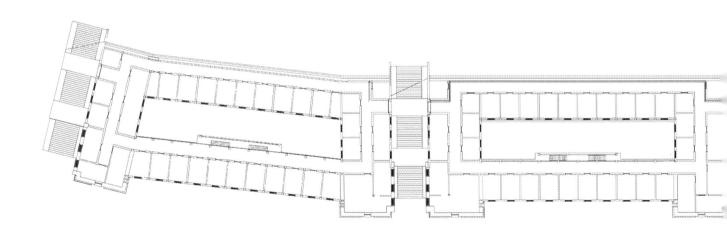

老斋舍 - 二层平面图

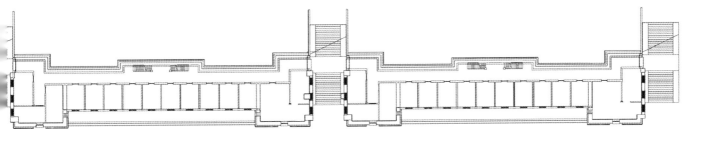

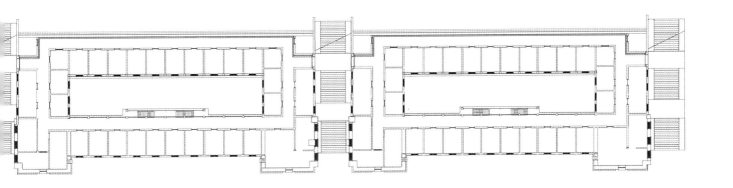

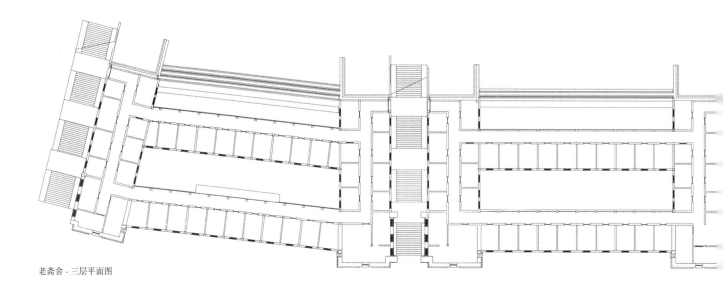

老斋舍 - 三层平面图

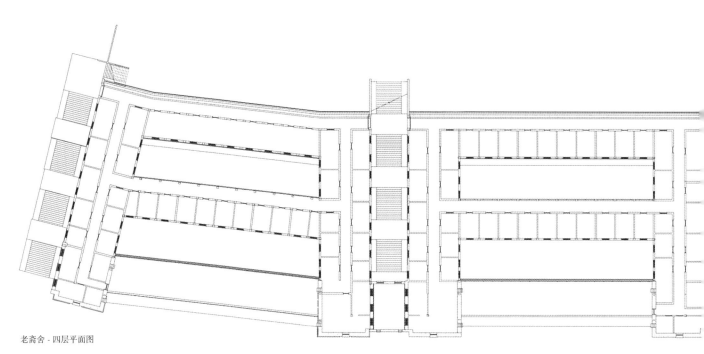

老斋舍 - 四层平面图

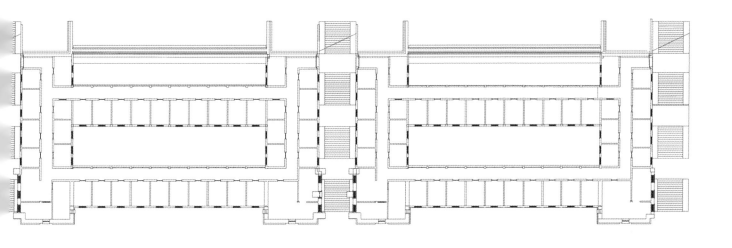

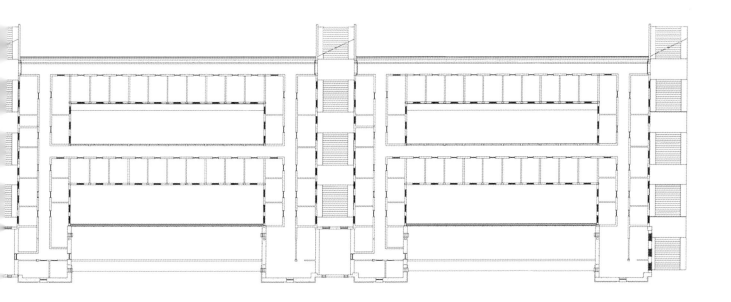

1931

文学院
RECITATION BUILDING

竣工年代: 1931年
建筑数量: 1 栋

　　文学院于 1931 年 9 月建成，与法学院一起分别位于图书馆的左右两翼。文学院是武大狮子山建筑群中第一栋建筑，占地呈正方形，为四合院回廊式建筑。整栋建筑清水墙体，琉璃瓦庑殿顶，翘而尖的南方式飞檐，活泼俏丽，与西边法学院的平而缓的北方式飞檐遥相呼应。

Recitation Building completed in September 1931 is located at the Library Group 's left wing, with Law Building at the right wing. Recitation Building is the first building in the Lion Mountain complex in Wuhan University. It, occupying a square area, is a quadrangle ambulatory building. The whole building has clear water walls, glazed tile veranda tops, as well as upturned and pointed south-style cornices. They are lively and beautiful, echoing the north-style gentle cornices of Law Building to the west.

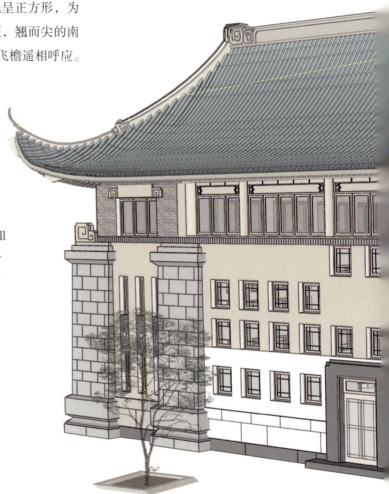

文学院 - 效果图

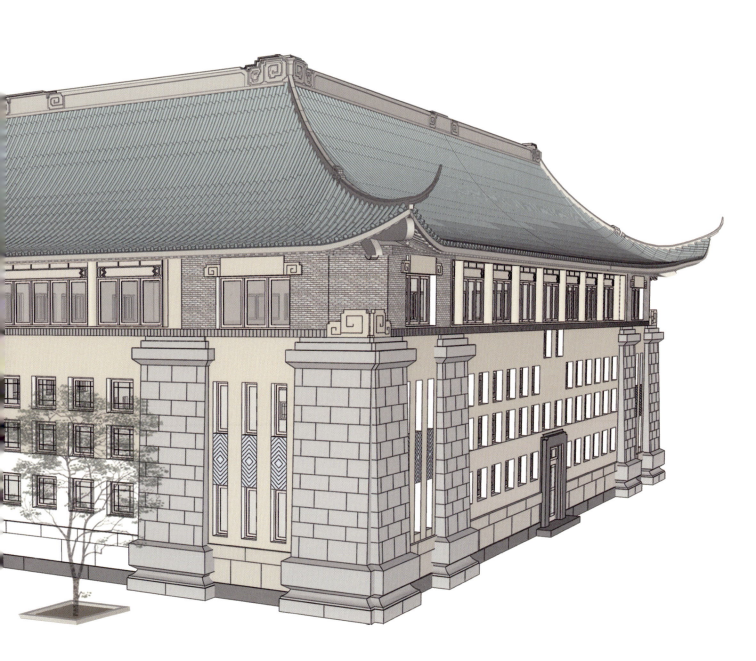

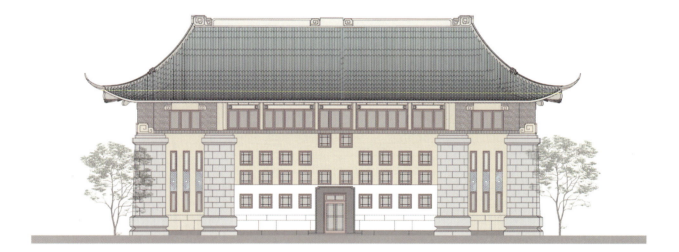

文学院 - 南立面图

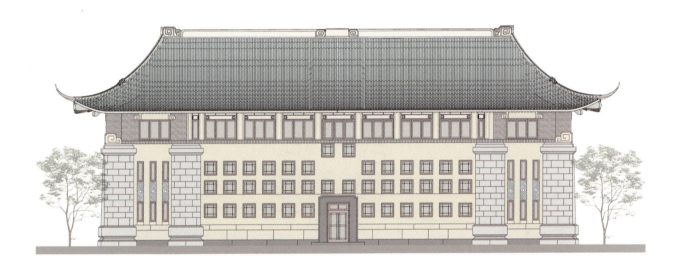

文学院 - 东立面图

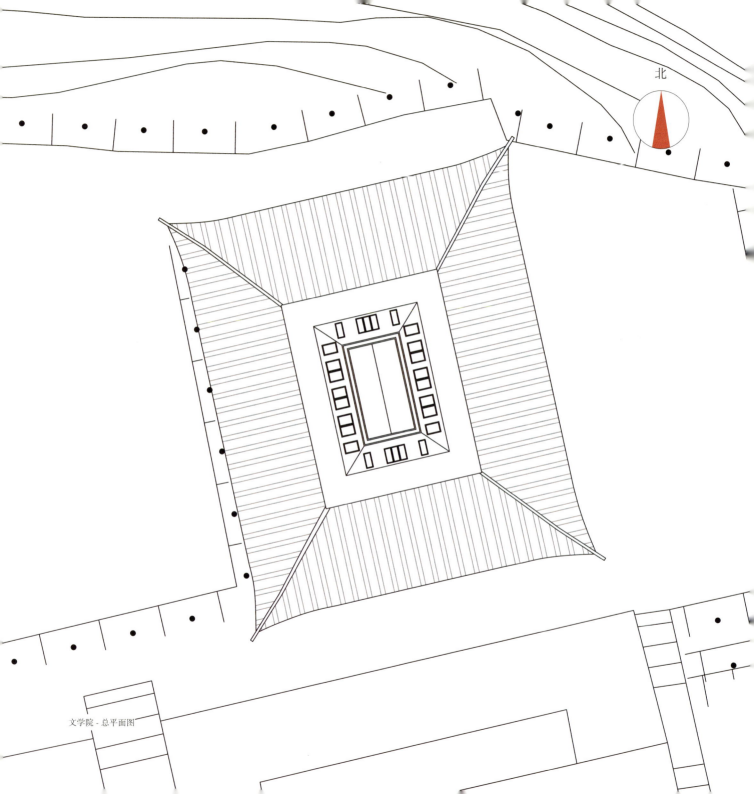

北

文学院 - 总平面图

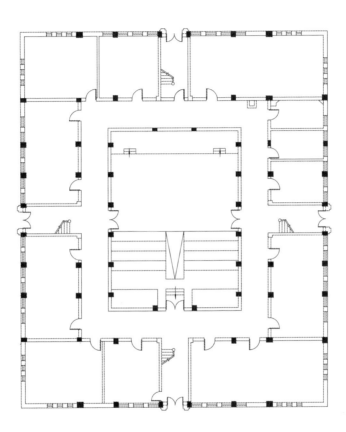

文学院 - 一层平面图

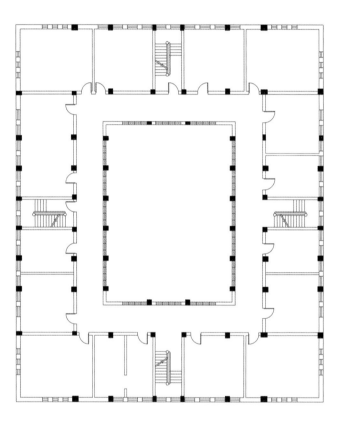

文学院 - 二层平面图

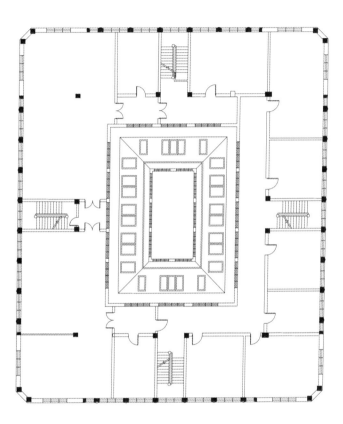

文学院 - 三层平面图

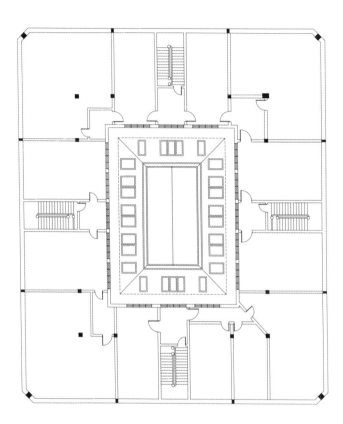

文学院 - 四层平面图

1936

法学院
Law Building

竣工年代: 1936 年
建筑数量: 1 栋

法学院于 1936 年 8 月建成，与文学院一起分别位于图书馆的左右两翼。法学院落地成方形，内部呈回廊式，围绕开敞内院，形成合院建筑形制。四面直立墙体，四角加斜角大立柱，屋角飞檐平缓，建筑端庄稳重，呈现出传统城墙的形状。

Law Building established in August 1936 is located at the Library Group 's right wing, with Recitation Building at the left wing. Law Building is a square in shape, with its interior in the form of corridor. It is characterized by an open inner courtyard. The walls are upright on all four sides, with big diagonal columns at four corners, and the cornices are gentle. The building is dignified and steady, showing the shape of traditional city walls.

法学院 - 效果图

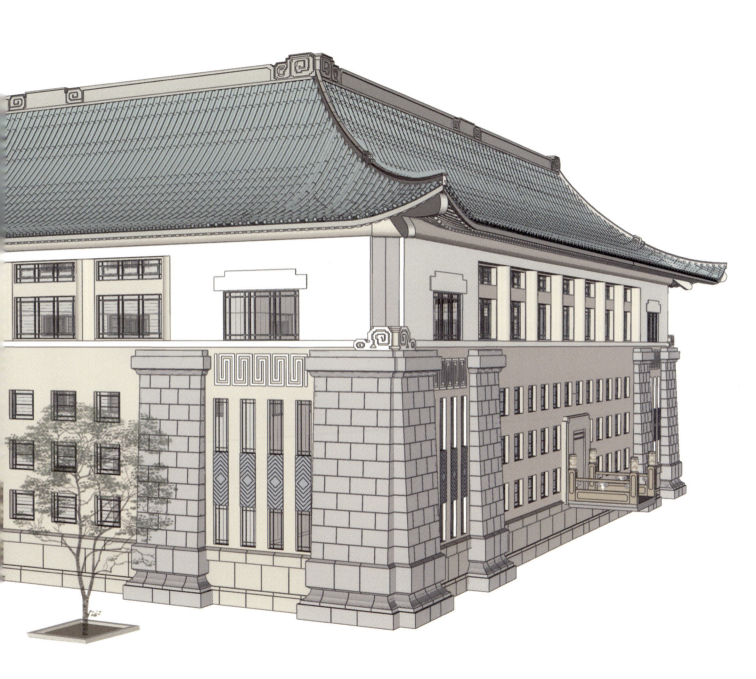

法学院 - 北立面图

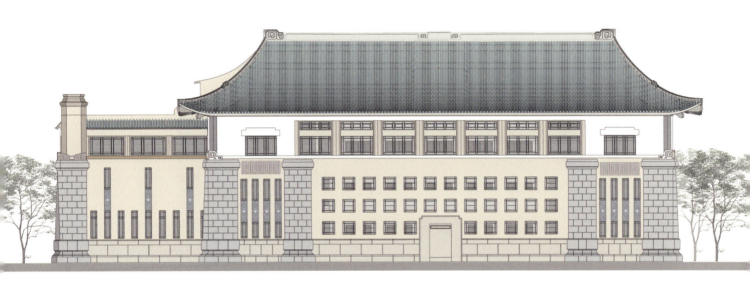

法学院 - 西立面图

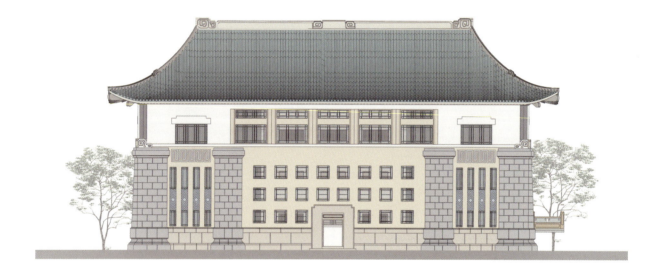

法学院 - 南立面图

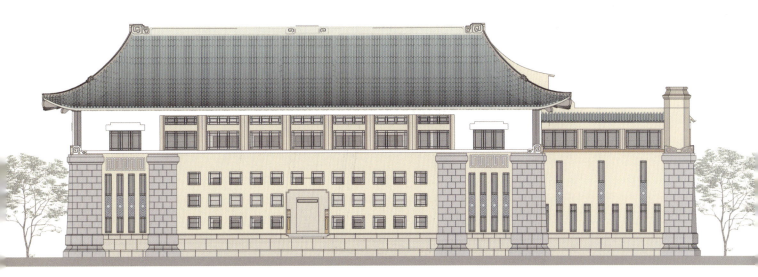

法学院 - 东立面图

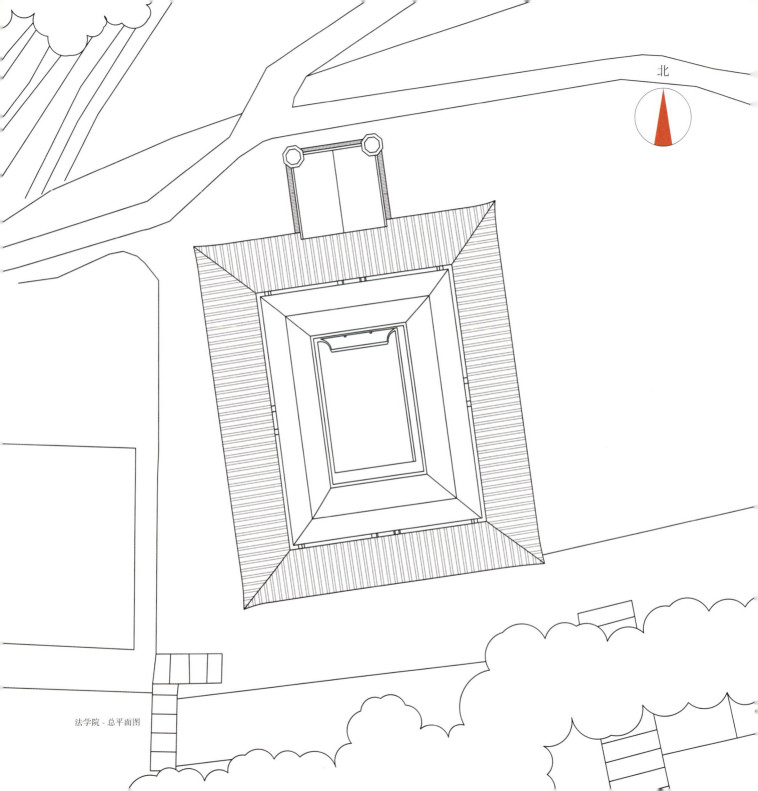

北

法学院 - 总平面图

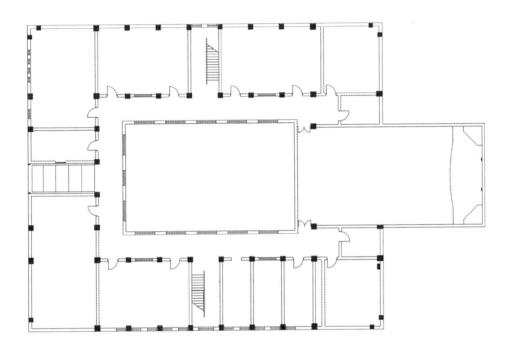

法学院 - 一层平面图

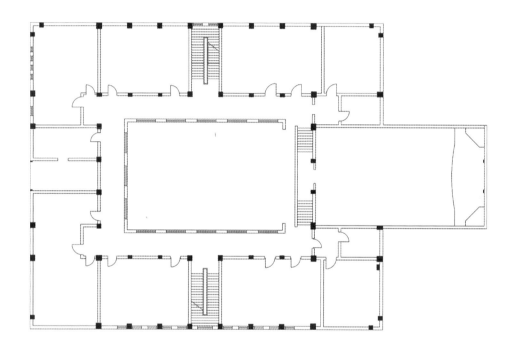

法学院 - 二层平面图

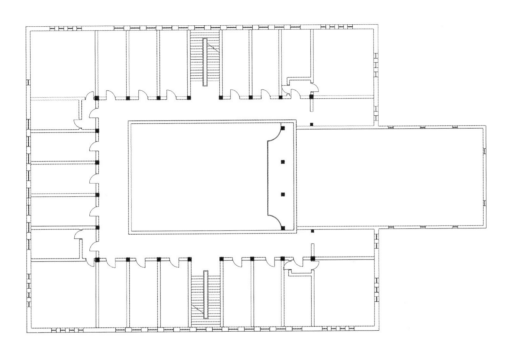

法学院 - 三层平面图

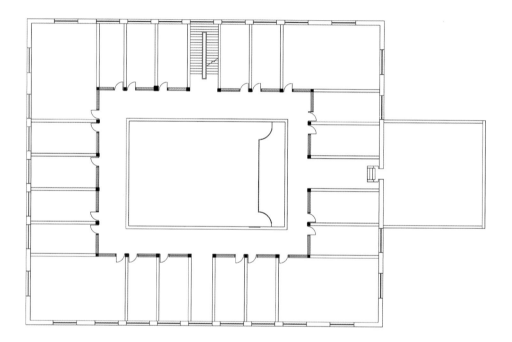

法学院 · 四层平面图

1931

学生饭厅及俱乐部
DINING HALL

竣工年代：1931 年

建筑数量：1 栋

　　学生饭厅及俱乐部是武汉大学早期建筑群中唯——栋食堂建筑，
于 1931 年建成，建筑原由东西两栋组成，东部是餐厅，西部是厨房，
于 1936 年在厨房西侧加建了一栋一层的饭厅，1949 年后东部主体一
楼的外廊被砖墙包入建筑内部。

学生饭厅及俱乐部 - 效果图

Dining Hall is the only canteen building in the early complex of Wuhan University. Built in 1931, the building was originally composed of east and west buildings, with the east as the restaurant and the west as the kitchen. In 1936, a one-floor dining room was added to the west of the kitchen. After 1949, the corridor on the first floor of the east main structure was wrapped into the building by brick walls.

学生饭厅及俱乐部 - 北立面图

　　武汉大学学生饭厅及俱乐部位于狮子山顶的西面，地形东部高西部低，为保证建筑内部是同一标高，便于内部功能的使用，把靠近山顶的东部山体下挖，建筑就坐落在这个凹地中，建筑东面二层的山墙延伸几级台阶直至邻近的法学院。建筑一楼作为学生饭厅，也就是樱园食堂；二楼作为大学生活动中心，也是当时学校的礼堂，举行过许多重大会议和学术报告，蔡元培、李四光等人都曾在此做过抗日演讲，周恩来于1937年在此做了题为《现阶段青年运动的性质和任务》的演讲，宣传党的抗日政策和抗战思想。

Dining Hall of Wuhan University is located in the west of the Lion Mountain top. The terrain is high in the east and low in the west. In order to ensure that the building interior is of the same elevation and facilitate internal functions, the eastern mountain near the mountain top is excavated. The building is located in this depression. The gable on the second floor in the east of the building extends several steps down to the adjacent Law Building. The first floor of the building serves as the student dining room, which was YingYuan Canteen; as the College Student Activity Center, the second floor was also used as the school auditorium at that time, where

many major conferences and academic reports were held. Cai Yuanpei, Li Siguang and others made anti-Japanese speeches. Zhou Enlai delivered the speech entitled "The Nature and Tasks of the Current Youth Movement" in 1937 to publicize the CPC's anti-Japanese policies and thoughts about the War of Resistance Against Japan.

学生饭厅及俱乐部 - 南立面图

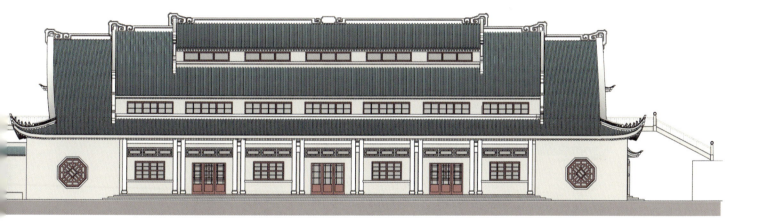

学生饭厅及俱乐部 - 东立面图

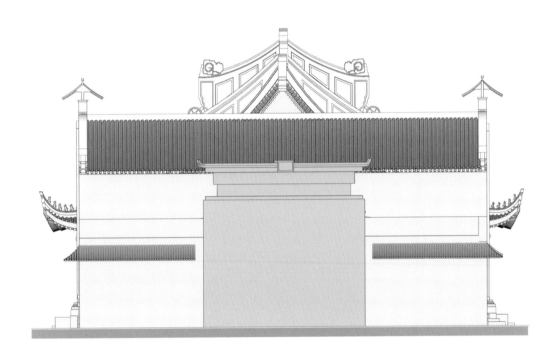

学生饭厅及俱乐部 - 西立面图

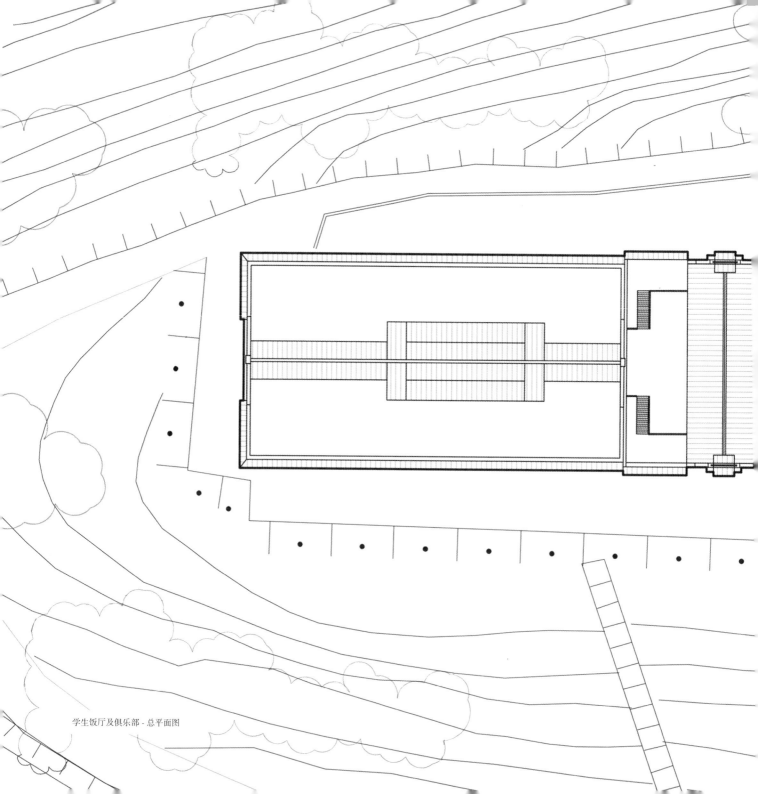

学生饭厅及俱乐部 - 总平面图

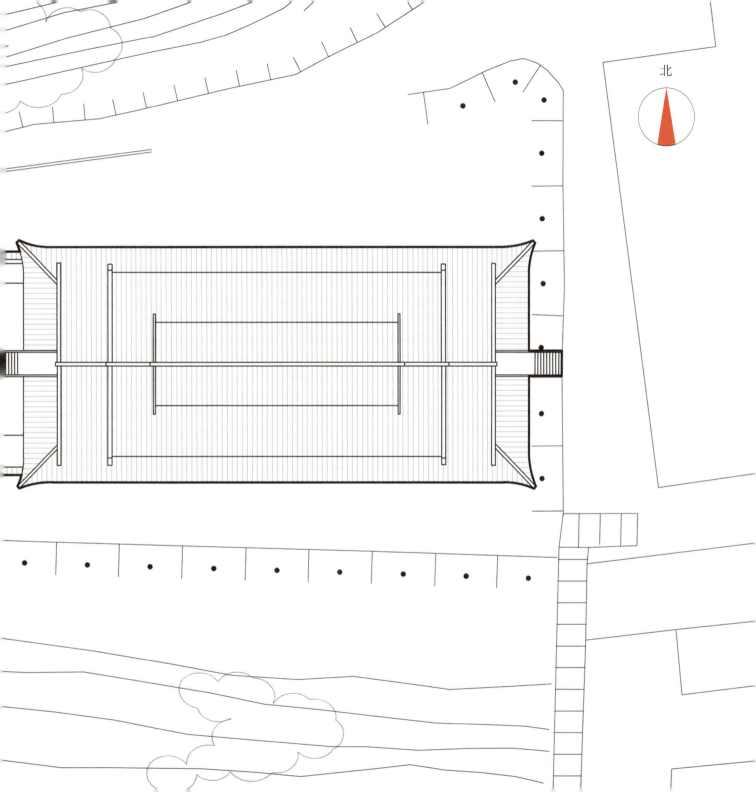

北

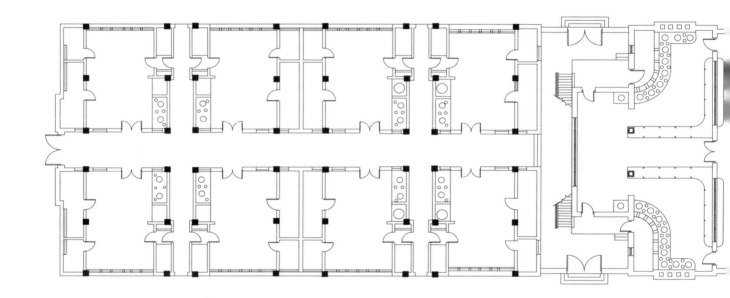

学生饭厅及俱乐部 - 一层平面图

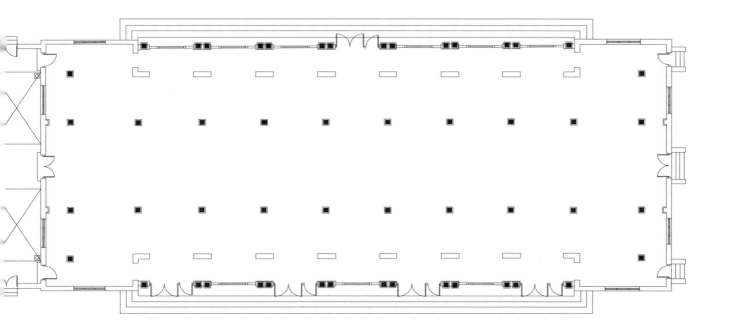

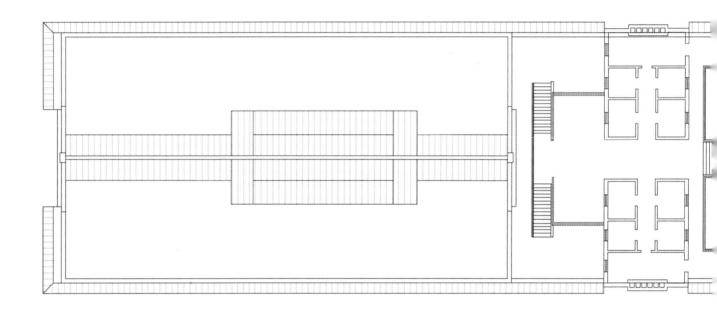

学生饭厅及俱乐部 - 二层平面图

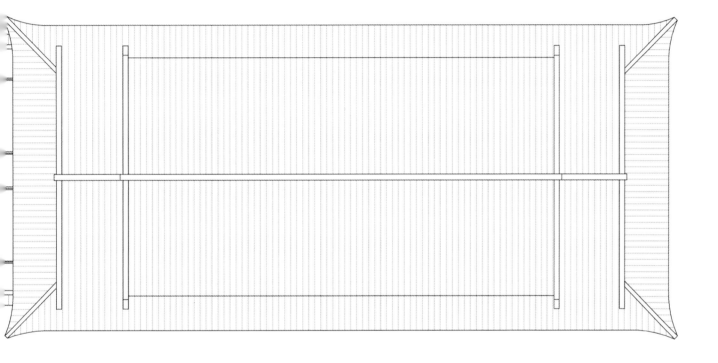

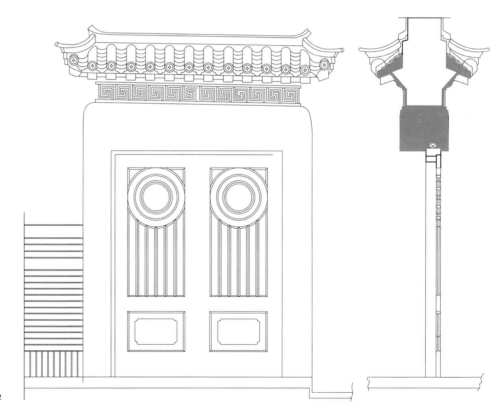

学生饭厅及俱乐部 - 细节大样 1、2

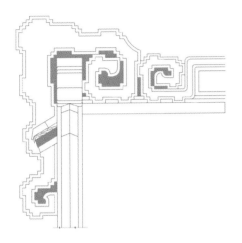

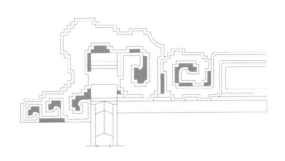

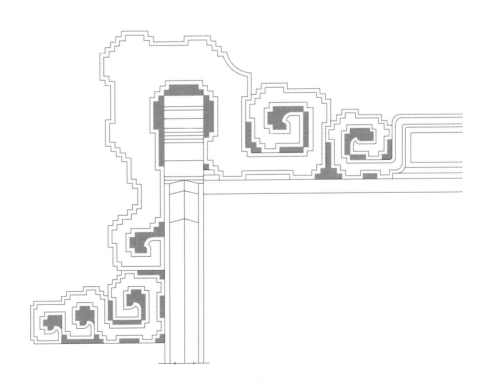

学生饭厅及俱乐部 - 细节大样 3、4、5

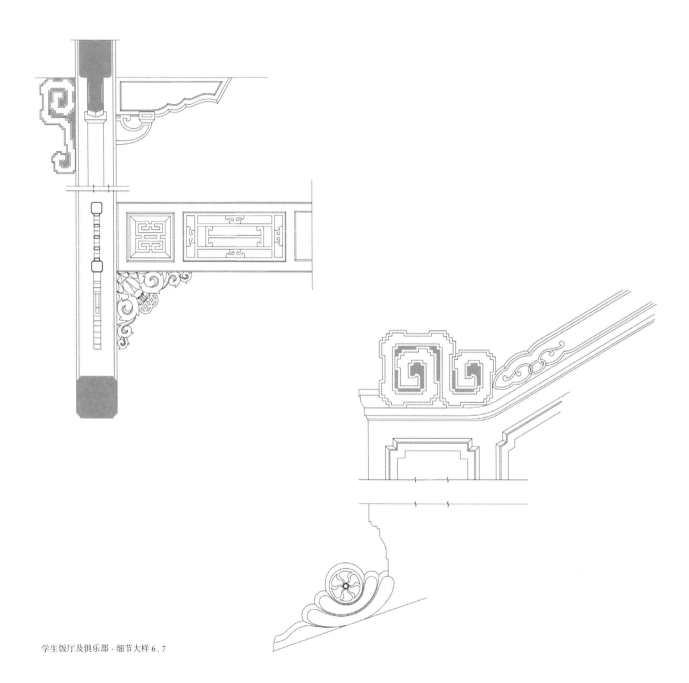

学生饭厅及俱乐部 - 细节大样 6、7

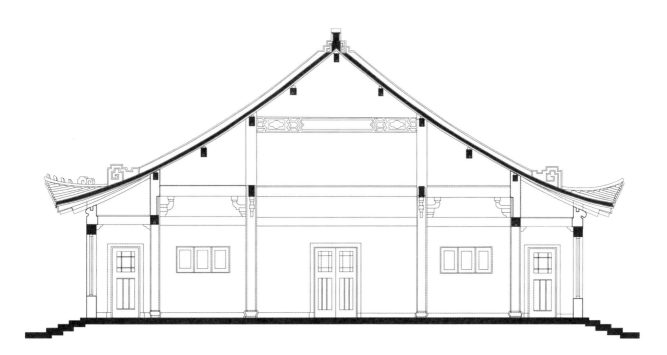

学生饭厅及俱乐部 - 剖面图 1

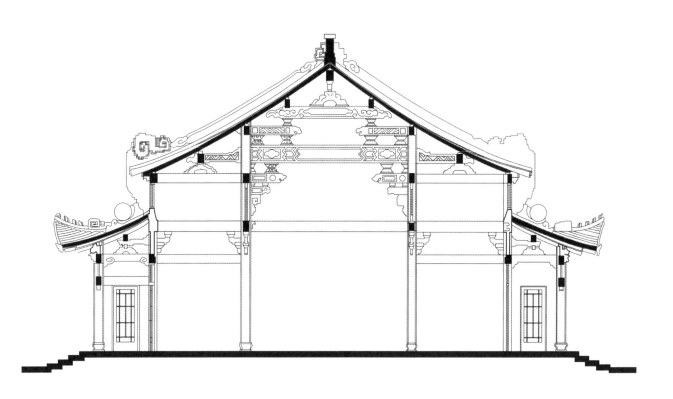

学生饭厅及俱乐部 - 剖面图 2

1936

华中水工试验所

HYDRAULIC LABORATORY

竣工年代: 1936 年

建筑数量: 1 栋

华中水工试验所始建于 1936 年，是民国时期华中地区唯一的水工试验所。1948 年，武汉大学联合湖北省政府进行水工所内设备建设，恢复水利试验和研究，现为武汉大学档案馆所在地。华中水工试验所是特色鲜明的近代建筑典范。

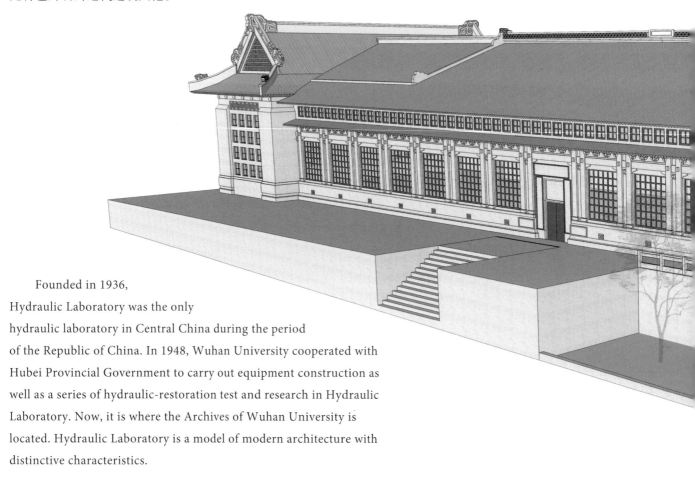

Founded in 1936, Hydraulic Laboratory was the only hydraulic laboratory in Central China during the period of the Republic of China. In 1948, Wuhan University cooperated with Hubei Provincial Government to carry out equipment construction as well as a series of hydraulic-restoration test and research in Hydraulic Laboratory. Now, it is where the Archives of Wuhan University is located. Hydraulic Laboratory is a model of modern architecture with distinctive characteristics.

华中水工实验所 - 效果图

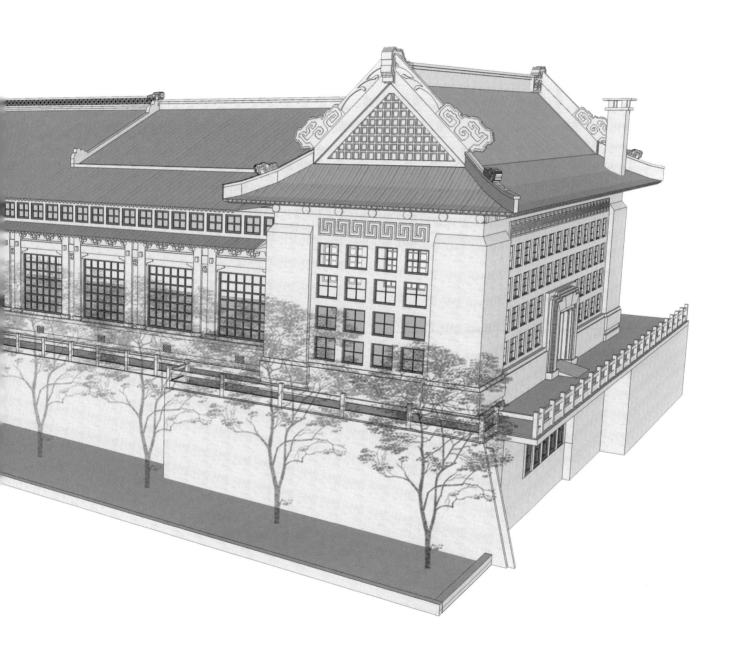

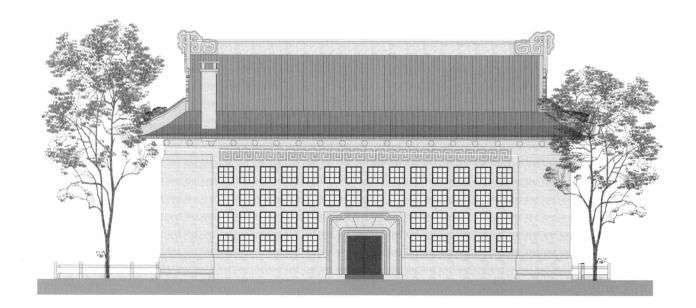

华中水工实验所 - 东立面图

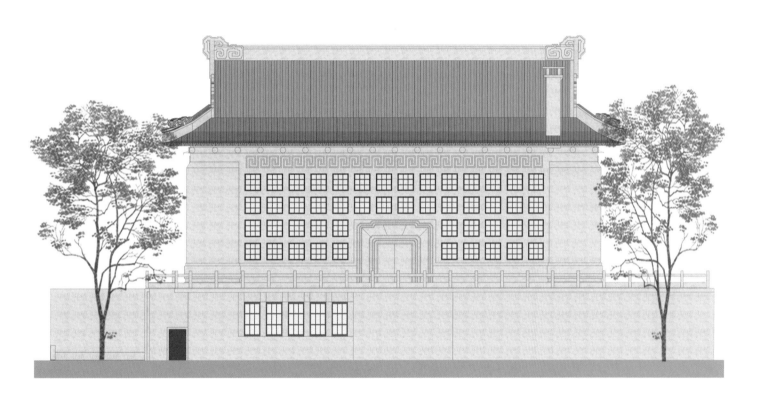

华中水工实验所 - 西立面图

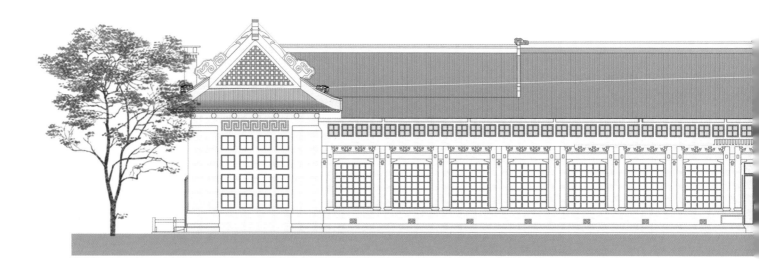

华中水工实验所 - 南立面图

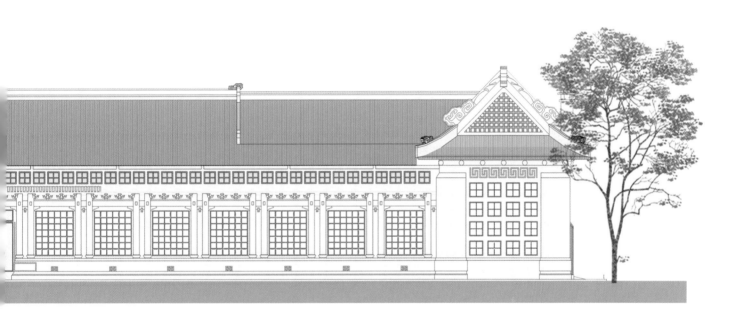

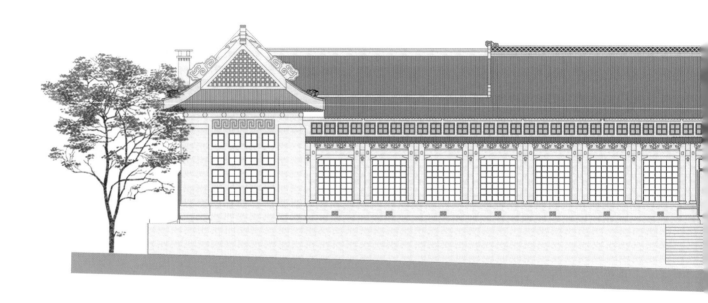

华中水工实验所 - 北立面图

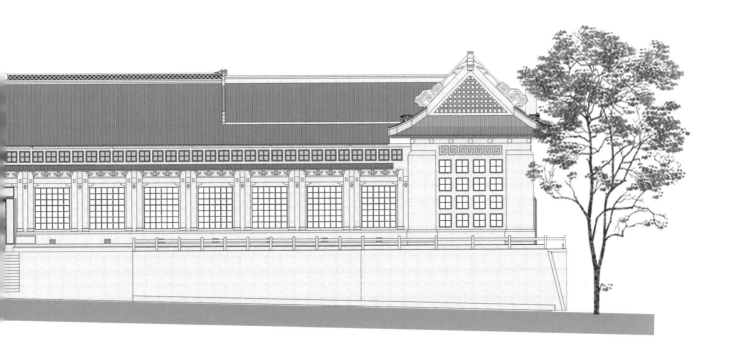

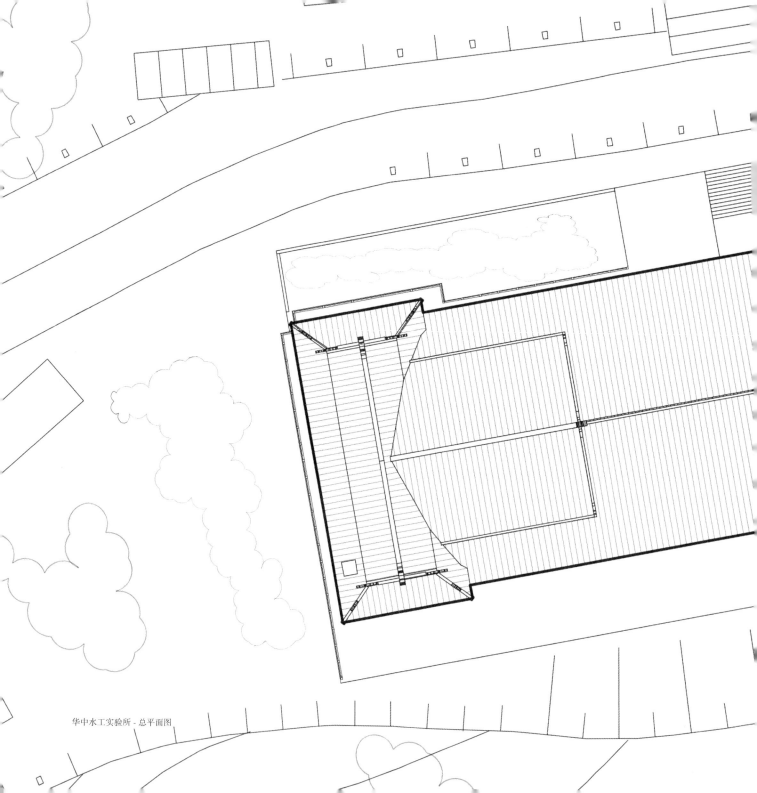

华中水工实验所 · 总平面图

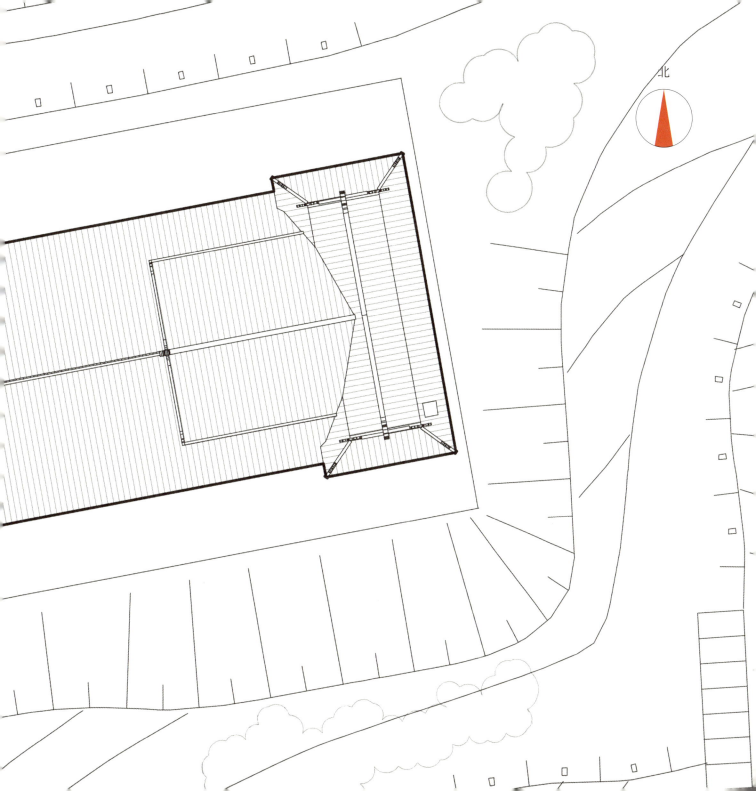

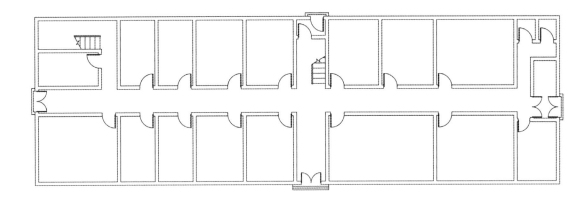

华中水工实验所 - 一层平面图

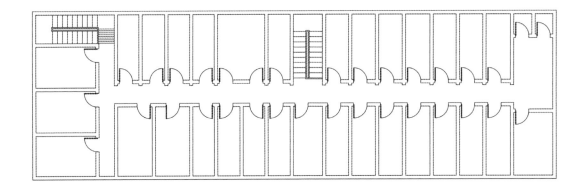

华中水工实验所 - 二层平面图

1931

周恩来故居

PROFESSOR'S RESIDENCE FOR
ZHOU ENLAI

竣工年代：1931 年

建筑数量：1 栋

周恩来故居建于 1931 年，为一栋坐北朝南的西式二层楼房，英式田园别墅风格。庭前屋后被参天大树环绕，几条铺满落叶的石阶小径通往山上。这栋楼房不仅与一代伟人周恩来联系在一起，还是国共合作全民抗战的重要见证。

Built in 1931, Professor's Residences for Zhou Enlai is a two-story western-style villa facing south, in the style of English countryside. The front of the house is surrounded by magnificent trees, and several stone paths covered with fallen leaves lead to the hill. This building is not only associated with the great man Zhou Enlai, but is also an important witness of the cooperation between the Kuomintang and the CPC in the War of Resistance Against Japan launched all over China.

周恩来故居 - 效果图

周恩来故居 - 西立面图

周恩来故居 - 东立面图

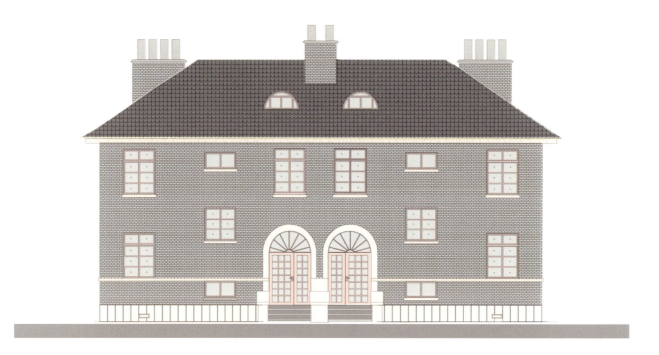

周恩来故居 - 北立面图

周恩来故居 - 南立面图

周恩来故居所在的珞珈山南麓别墅群共有 21 栋别墅，周恩来故居为其中第 19 栋，现为新时代"爱国主义历史教育基地"与"历史文化教育基地"。周恩来在入住期间，多次向武汉大学师生发表爱国主义演说，积极宣传抗日形势与中共统战政策，批驳"亡国论"和"速胜论"，指出中国唯有顽强抗争才能摆脱亡国奴的命运。著名国际友人埃德加·斯诺、安娜·路易斯·斯特朗、史沫特莱等都在此受到周恩来、邓颖超的热情接待。

Professor's Residence For Zhou Enlai is located in the villa group at the southern foot of Luojia Mountain, with 21 villas, of which The Former Residence For Zhou Enlai is the 19th one. Now it is the "Patriotic History Education Base"and "History and Culture Education Base" in the new era. During his stay in the residence. Zhou Enlai delivered many patriotic speeches to the students and teachers of Wuhan University, actively propagated the anti-Japanese situation and the United Front policy of the Chinese Communist Party, and criticized the "doomsday theory" and the "quick victory theory" and pointed out that the only way for China to get rid of the fate of being a slave to the nation was to resist tenaciously.Famous international friends such as Edgar Snow, Anna Louise Strong, Smedley and others were all warmly received by Zhou Enlai and Deng Yingchao.

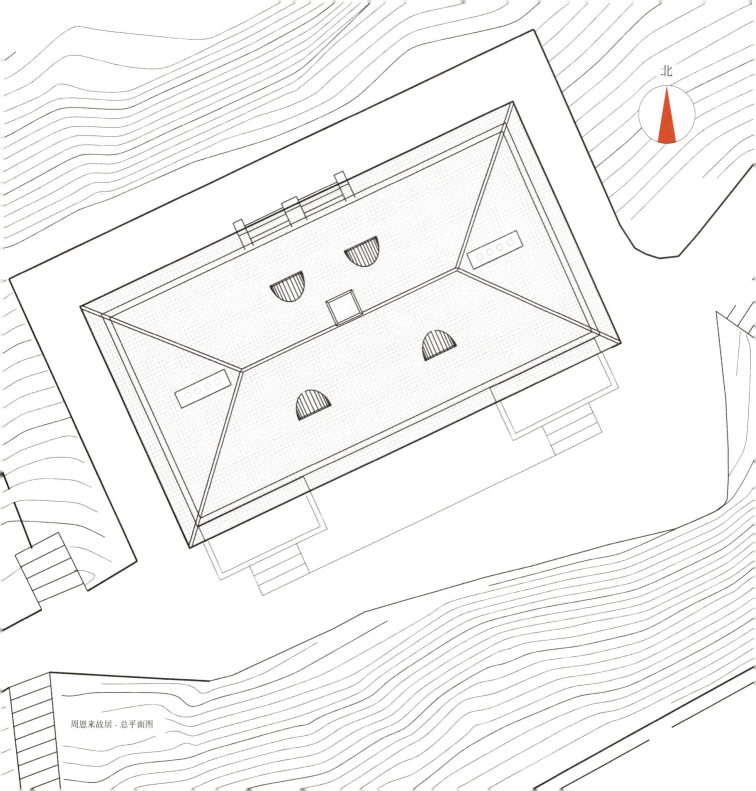

北

周恩来故居 - 总平面图

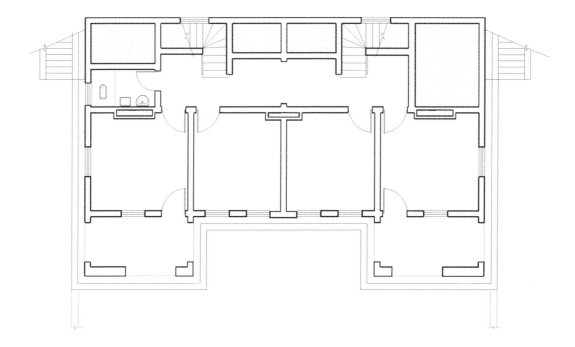

周恩来故居 - 一层平面图

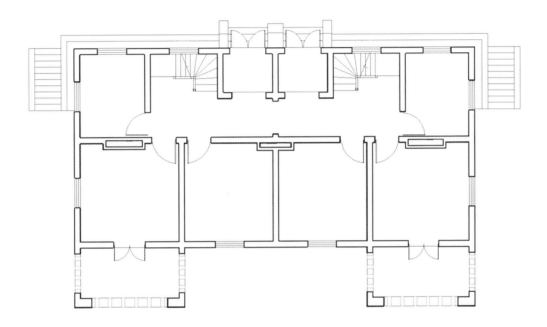

周恩来故居 - 二层平面图

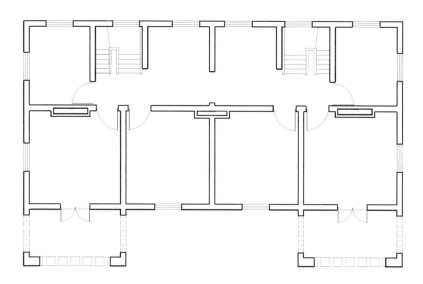

周恩来故居 - 三层平面图

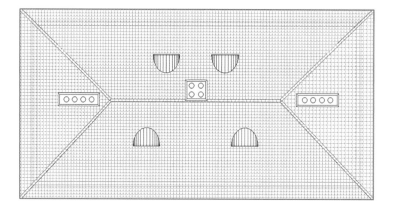

周恩来故居 - 屋顶平面图

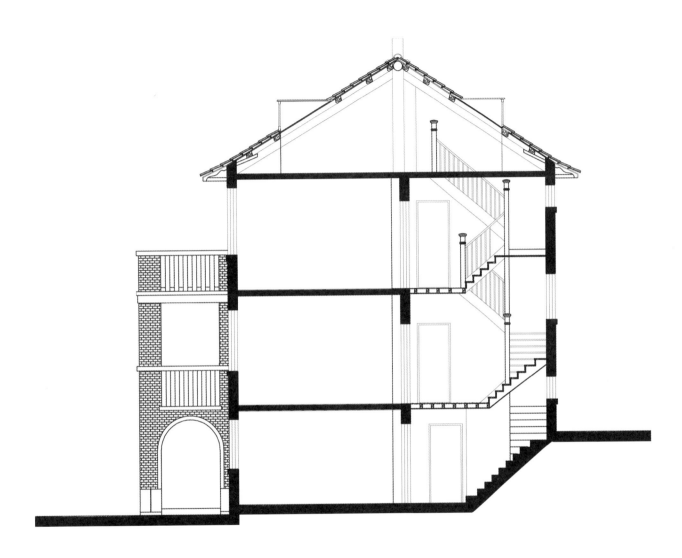

周恩来故居 - 剖面图

1931

郭沫若故居

PROFESSOR'S RESIDENCE FOR
GUO MORUO

竣工年代：1931 年

建筑数量：1 栋

郭沫若故居 - 效果图

武汉大学郭沫若故居共三层：一层是佣人室和厨房，二、三层是客厅、书房、卧室、浴室和眺望湖光山色的阳台。郭沫若于 1938 年 4 月至 8 月曾居住于此。

Professor's Residence for Guo Moruo in Wuhan University has three floors: the maid's room and kitchen on the first floor; the living room, study, bedroom, bathroom and balcony with views over the lake and mountain on the second and third floors. Guo Moruo lived here from April to August in 1938.

郭沫若故居 - 西立面图

郭沫若故居 - 南立面图

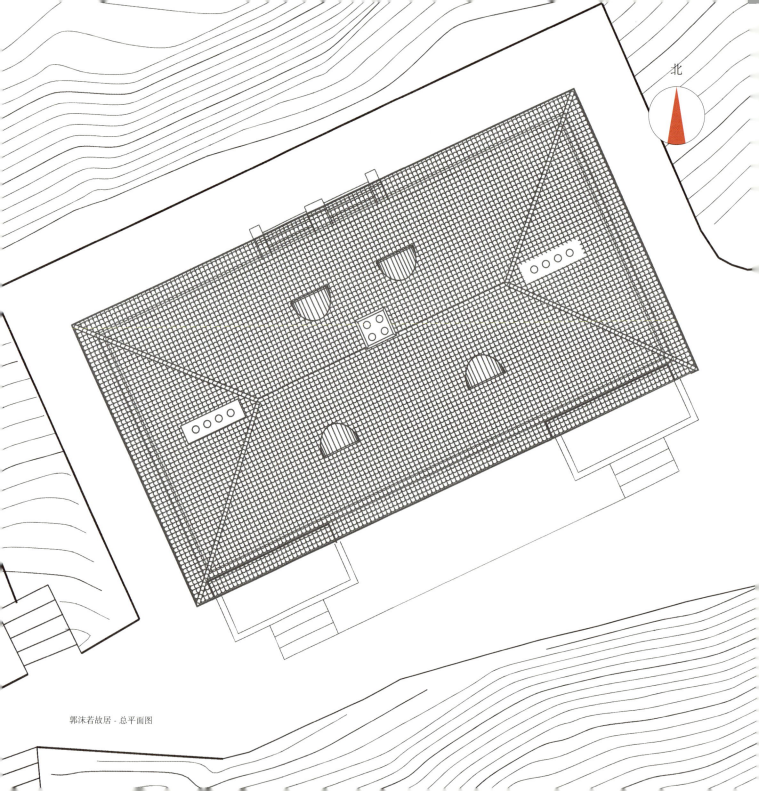

北

郭沫若故居 - 总平面图

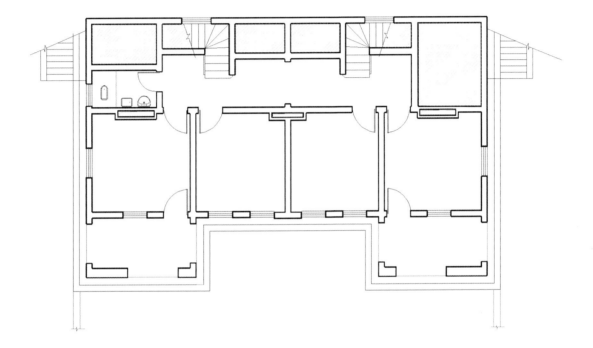

郭沫若故居 · 一层平面图

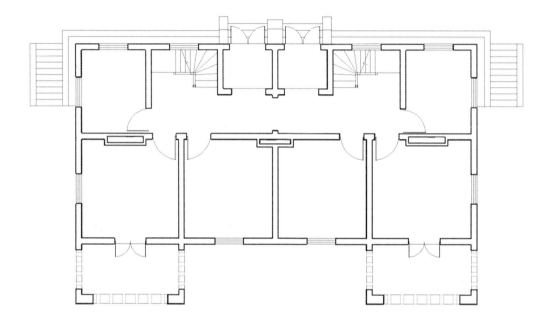

郭沫若故居 - 二层平面图

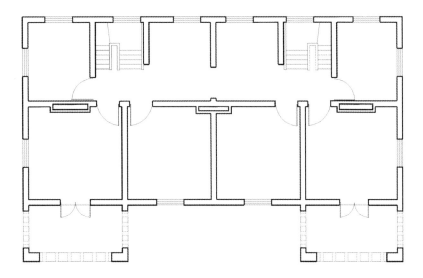

郭沫若故居 - 三层平面图

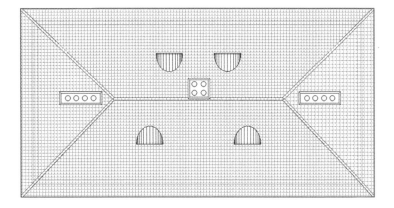

郭沫若故居 - 屋顶平面图

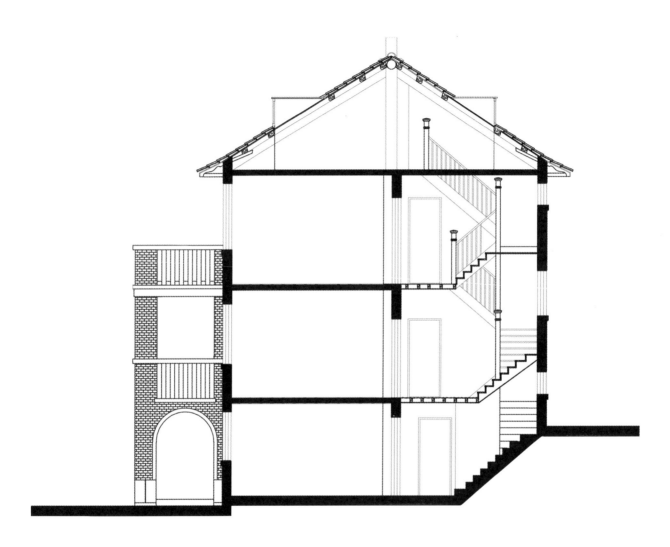

郭沫若故居 - 剖面图

1933

半山庐
HALF MOUNTAIN HOUSE

竣工年代: 1933 年
建筑数量: 1 栋

　　半山庐，原为单身教授宿舍，位于武汉大学珞珈山北麓山腰，高达7米。1932年开工,1933年竣工。建筑面积507平方米,工程造价2.03万元，由胡道生合记营造厂中标承建。半山庐作为武汉大学早期建筑的一部分，是全国重点保护文物单位。

半山庐 - 效果图

Half Mountain House, also known as Dormitory for Unmarried Professors, is located at the northern foot of Luojia Mountain in Wuhan University, with the height of 7 meters. The construction which started in 1932 and ended in 1933 cost 20,300 yuan, with the building area of 507 square meters. Hu Daosheng Construction Plant won the bid to build. As a part of the early buildings of Wuhan University, this building is one of major historical and cultural sites protected at the national level.

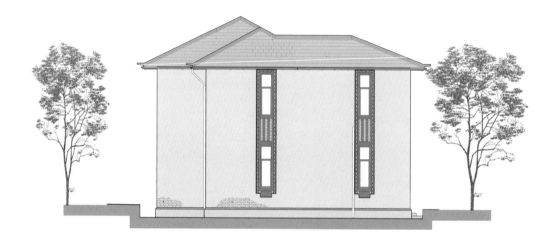

半山庐 - 东立面图

半山庐 - 北立面图

北

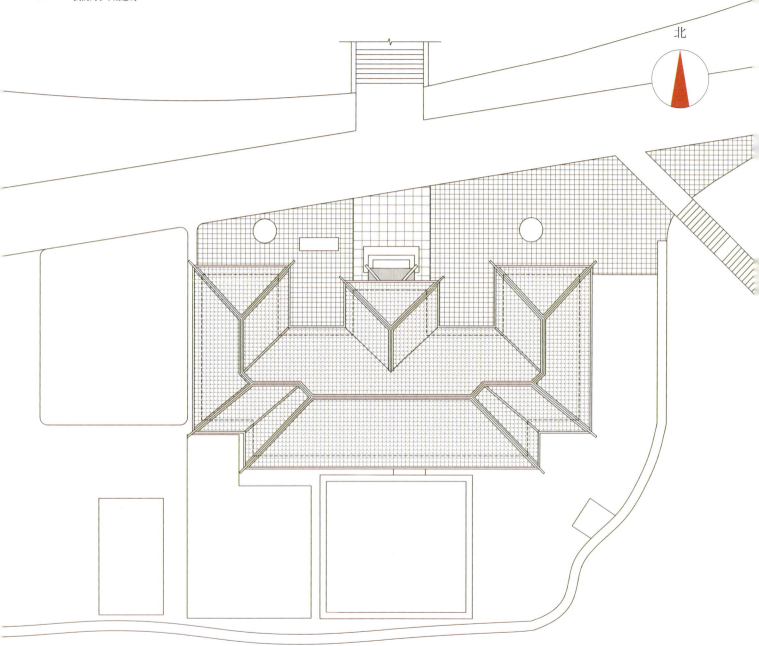

半山庐·总平面图

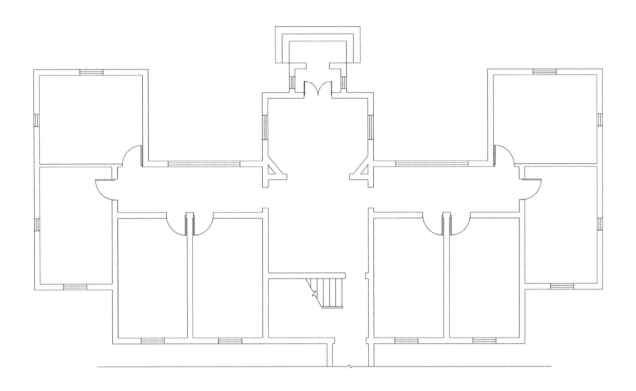

半山庐 - 一层平面图

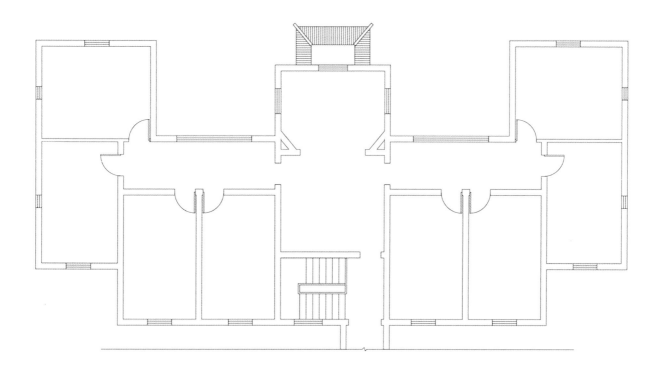

半山庐 - 二层平面图

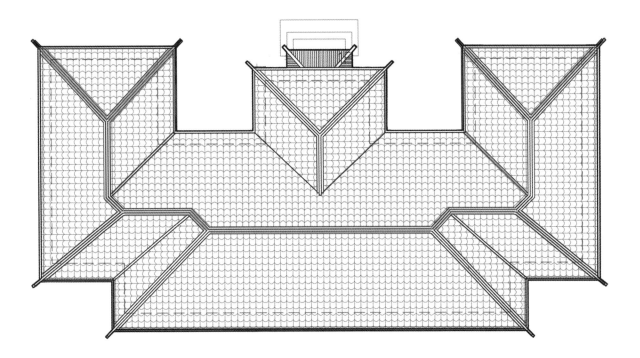

半山庐 - 屋顶平面图

半山庐 - 窗户大样图

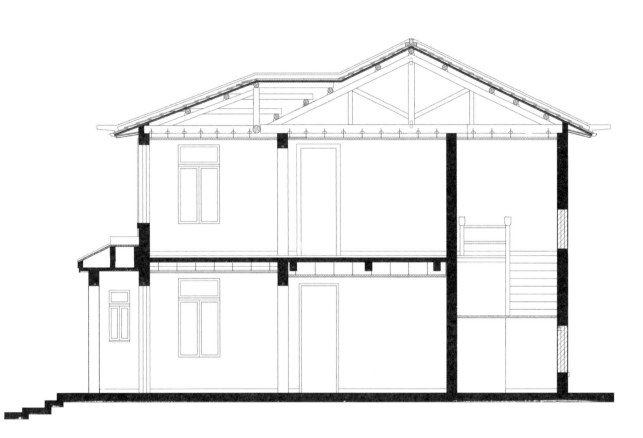

半山庐 - 剖面图

1952

李达故居
FORMER RESIDENCE FOR LI DA

竣工年代：1952 年

建筑数量：1 栋

　　建筑四周以现有围墙为界，场地内有高差，南低北高，院内景观良好。建筑由故居、警卫室和门房组成，故居是单层坡屋顶，后期有扩建。李达曾在武汉大学担任校长达 13 年之久。

Former Residence for Li Da is bounded by the existing fence. There is height difference in the site – low in the south and high in the north. The landscape in the yard is pleasant. The building consists of the former residence, the guard room and the gatehouse. The former residence with a single-layer sloping roof has been expanded afterwards. Li Da, served as the President of Wuhan University for 13 years.

李达故居 - 效果图

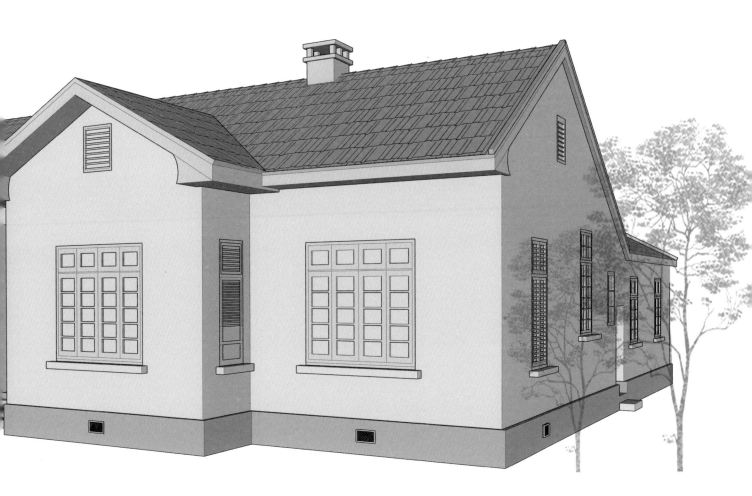

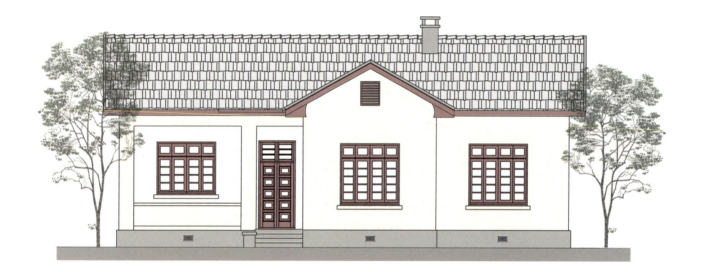

李达故居 - 南立面图

李达故居 - 东立面图

北

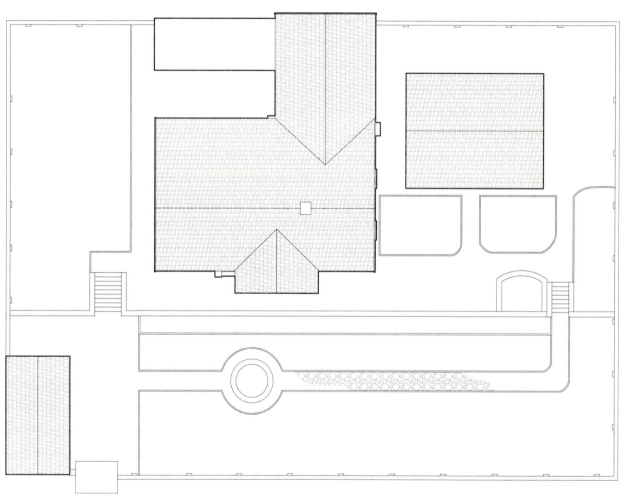

李达故居·总平面图

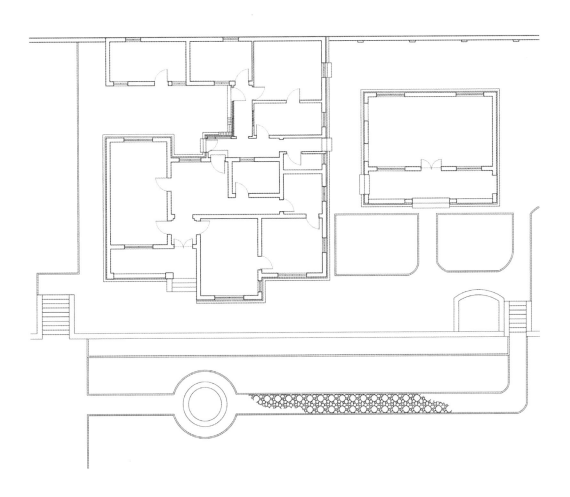

李达故居 - 平面图

1934

老牌坊
THE OLD MEMORIAL ARCHWAY

竣工年代：1934 年
建筑数量：1 栋

武汉大学老牌坊位于街道口劝业场，采用四柱三间歇山式琉璃飞檐木结构，上覆孔雀蓝琉璃瓦。牌坊正面书写"国立武汉大学"六字，背面用小篆书写"文法理工农医"六字。

Old Memorial Archway in Wuhan University was originally located in Quanyechang at Jiedaokou. It adopts a four-column and three-intermittent mountain-typed glazed cornice wood structure, covered with malachite-blue glazed tiles. The six characters *"Guo Li Wu Han Da Xue"* are written on the front of the memorial archway, and the six characters with small seal script *"Wen Fa Li Gong Nong Yi"* are written on the back.

老牌坊 - 效果图

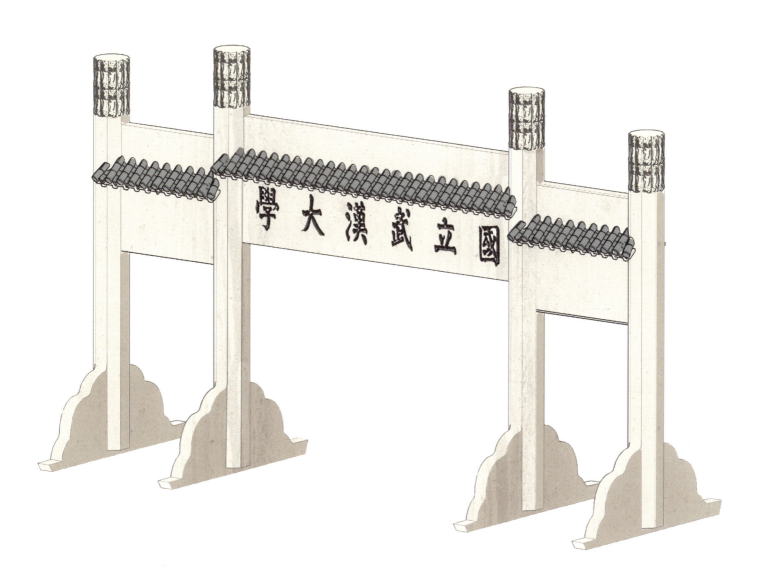

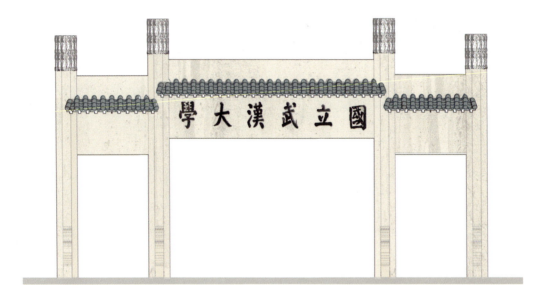

老牌坊 - 正立面图

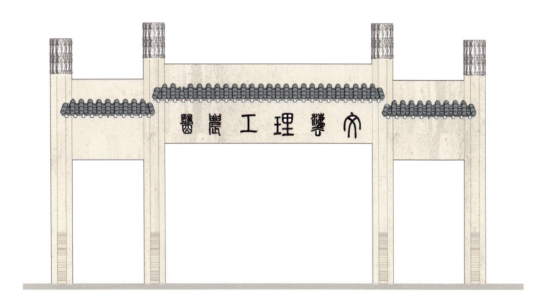

老牌坊 - 背立面图

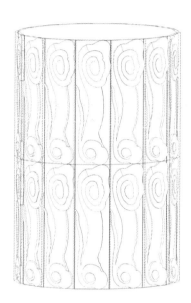

老牌坊 - 柱头雕花大样图

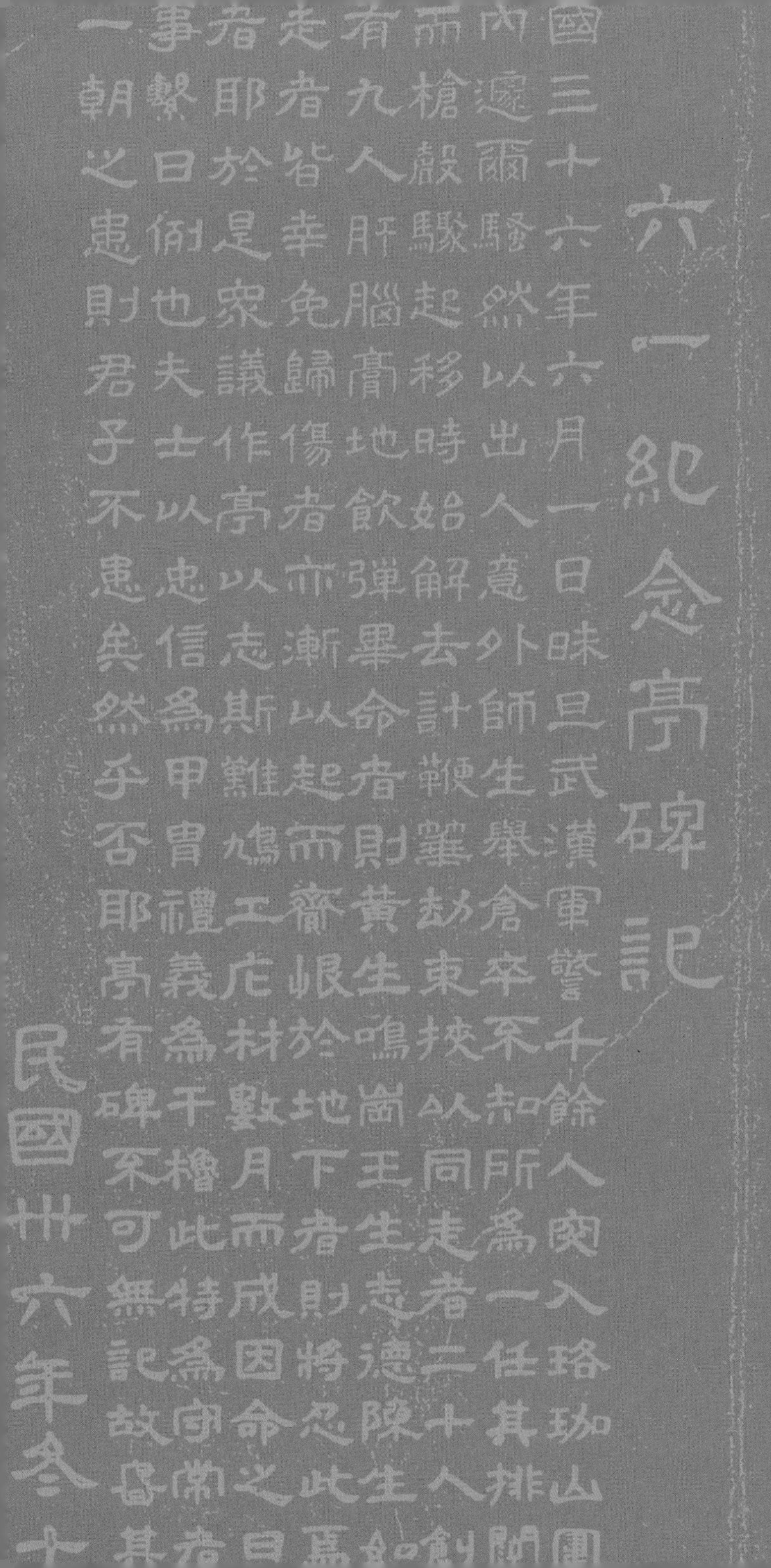

六一纪念亭碑记

1948

"六一"惨案纪念亭

MEMORIAL PAVILION
FOR THE JUNE 1ST TRAGEDY

竣工年代：1948 年

建筑数量：1 栋

始建于 1947 年, 亭坐北朝南, 边高 6.5 米, 六角攒尖顶, 翠瓦飞檐, 由 6 根朱漆圆柱支撑。亭内立纪念碑, 碑为麻石基座, 高 1.9 米, 碑面刻 "六一纪念亭碑记", 碑阴刻有 "死难三生传", 以纪念 "六一" 惨案死难烈士。

Built in 1947, the pavilion faces south with a 6.5-meter-high side, a hexagonal roof with a flying eave, and six vermilion-painted columns. It is supported by six vermilion-painted columns. Inside the pavilion stands a memorial monument with a linen stone base, 1.9 meters high, which inscribed on the face of the monument with the words "June 1st Memorial Pavilion Monument" and inscribed on the shade of the monument with the words "The Death of Three Lives" in memory of the martyrs who died in the June 1st tragedy.

"六一" 惨案纪念亭 - 效果图

北

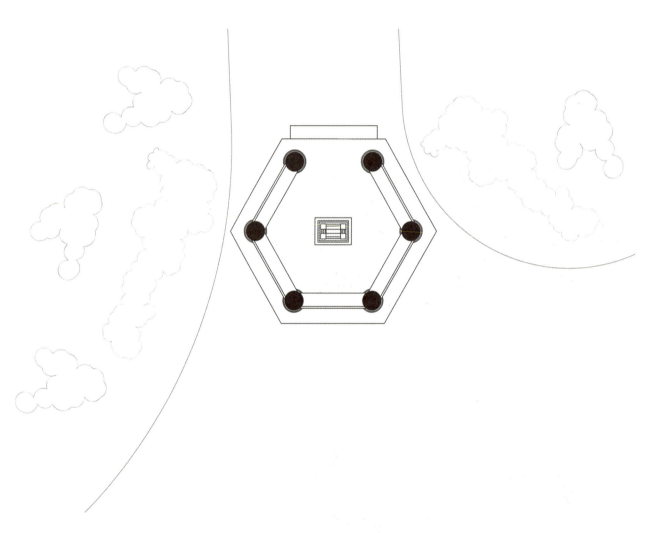

"六一"惨案纪念亭 - 平面图

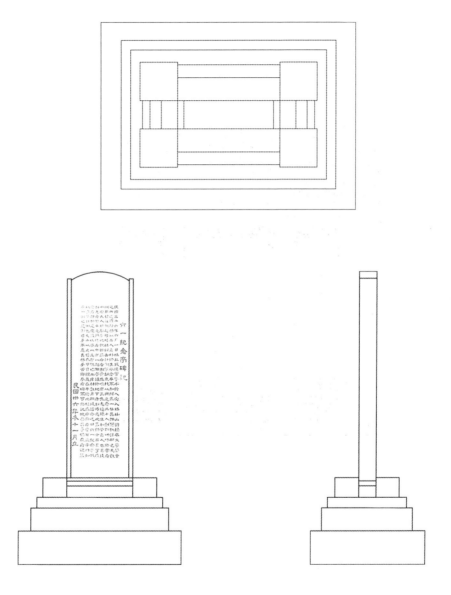

"六一"惨案纪念亭 - 碑平面图、碑正立面图、碑侧立面图

"六一"惨案纪念亭 - 北立面图

"六一"惨案纪念亭 - 西立面图

后 记

　　四季更迭，朝晖轮转，一转眼我已经在武汉大学任教近 20 年。2004 年博士毕业后，我机缘巧合来到这里，从此将自己最美好生动的年华与最蓬勃的激情献给这片人文底蕴深厚的土地。这所中国最美丽的学府让我有缘认识并解读其美之所在。研究的过程漫长而艰辛，但借此也对武汉大学这座校园有了更深的认识和理解。

　　本书是团队合作的成果，历经 10 届硕士、博士研究生接力完成。没有他们的共同努力，不可能有这本书的问世。其中杜娅薇、田永乐、唐莉、陈亚琦、沈沁宇、董维敏、李聪、唐艺窈、李欣、包亮玉、孙昕勇、刘浩然、陈星、李洋、周瑛、李俊、杨飞、胡朝乔、胡宇、杨媚、王森琦、任毅力、吴歆瑀、张圆、曹明葳、徐盼等完成了初步的测绘、扫描、整理和制图工作，查吟川、张庭玮、艾克拜尔·艾斯卡尔完成了第一轮初稿，董梅雪、陈宇、魏净兰完成了第二轮初稿，陈馨玉、尚林祺、黄婷、任晨晨、赵伦完成了第三轮、第四轮和第五轮初稿和核对工作，刘嘉颖、乔桥协助完成了第六轮校对工作。历史建筑的修缮与保护工作是一个不断演变的动态过程，有丰富的信息等待我们去挖掘与探索。我们研究团队运用数字化软件对 15 处（26 栋）

武汉大学早期建筑进行了三维建模，形成本书中相关的总平面图、各层平面图、立面图、剖面图。构建每栋历史建筑的三维模型，既是为了完善建筑信息平台，达成武汉大学历史建筑数字化保护的阶段性成果，也是向大家展示武汉大学早期建筑之美的一种方式。不过，我们在出版时对这些图片做了部分调整，与实际的建筑测绘图有些许不同，还请读者知悉。

特别感谢武汉大学陈慧东，他曾任武汉大学文物保护管理处处长、武汉大学后勤保障部部长，为武汉大学早期建筑的保护与修缮付出了多年的心血和努力。在本书编辑成书过程中，他也提供了宝贵的指导与建议。感谢武汉大学档案馆、湖北省古建筑保护中心对本书的支持和帮助。本项目也受到湖北省技术创新计划重点研发专项《基于红色基因传承的湖北省校园文化遗产数字信息平台构建与创意展示系统研究》支持，在此表示感谢。感谢崇文书局的鲁兴刚编辑给我们难得的机会和对本书付出的辛勤劳动。感谢我的父母和爱人，他们是我人生道路的铺路石，没有他们的理解、包容和支持，我很难投入如此多的精力和时间完成相关工作。

感谢所有为武汉大学校园建设辛勤付出的人们。武汉大学早期建筑气势恢宏、中西合璧，是中国近代大学建筑的佳作与典范，也是近代高等教育建设与"中国固有之形式"的近代建筑风格的具体展现。"你如果要看中国怎样进步，可以到武昌看看珞珈山武汉大学。"希望此书能让更多的读者从不同的角度欣赏武汉大学早期建筑之美。

由于研究时间与精力的限制、专业知识与技术水平的不足，本书难免有疏漏之处，敬请读者诸贤谅解，并予以批评指正。

童乔慧

2023.3.29

图书在版编目（CIP）数据

武汉大学早期建筑．图录卷 / 童乔慧著．-- 武汉：
崇文书局，2024.1
ISBN 978-7-5403-7389-4

Ⅰ．①武… Ⅱ．①童… Ⅲ．①武汉大学－教育建筑－
图录 Ⅳ．① G649.286.31-64

中国国家版本馆 CIP 数据核字 (2023) 第 175757 号

武 汉 大 学 早 期 建 筑：图 录 卷
WUHAN DAXUE ZAOQI JIANZHU TULU JUAN

出 版 人	韩 敏
责任编辑	鲁兴刚
装帧设计	彭振威设计事务所
责任印制	李佳超
出版发行	长江出版传媒 崇文书局
地 址	武汉市雄楚大街 268 号 C 座 11 层
电 话	(027)87677133 邮政编码 430070
印 刷	湖北新华印务有限公司
开 本	880 mm × 1168 mm 1/20
印 张	11
字 数	30 千字 图 149 幅
版 次	2024 年 1 月第 1 版
印 次	2024 年 1 月第 1 次印刷
定 价	138.00 元

（读者服务电话：027－87679738）